Antología Poética

Antologia Poética

Rafaela Mila

Para realizar pedidos de este libro, contacte con:
Palibrio LLC
1663 Liberty Drive
Suite 200
Bloomington, IN 47403
Gratis desde EE. UU. al 877.407.5847
Gratis desde México al 01.800.288.2243
Gratis desde España al 900.866.949
Desde otro país al +1.812.671.9757
Fax: 01.812.355.1576
ventas@palibrio.com
489619

ÍNDICE

Prólogo

La cruzada poética embarca a los poetas de "La Alborada" al jugoso zumo de la vid donde destilan los versos más inspirados. Se levanta la bandera literaria al ritmo melodioso de los poetas.

No hay palabras para describir esta hermosa aventura, otorgando a todos los participantes la gratitud con que se esmeran. Sus escritos darán gloria y virtud. Más allá de la inmortalidad expresiva, cada poetisa y poeta dejan la esencia de su pluma universal. Distintas culturas, distintas formas de expresar la poesía.

Navegando al horizonte en un mismo compás, no se paga con oro ni plata. Sus plumas son la gala, la representación y el valor de las cosas materiales. No se nutren del ego, más bien son diamantes pulidos, otorgan sus versos que se exponen con fines honestos. Son camaradas humanizados con temple sereno, entregan su arte al más necesitado para una buena obra, apoyar la cura del cáncer de mama y para sus propios hermanos, son atalayas, estrellas de un sentimiento. Son la gloria que honra sus preceptos. Felita Mila exalta con grandeza a cada miembro de "La Alborada" donde moran sus esencias poéticas. Este libro es parte de cada componente de esta página, y de ella misma brota su más humanizado corazón para ondear en el asta mayor la gloria de los participantes.

Gracias hermanos, sí, gracias por sus nobles sentimientos y que las voces del corazón se impregnen en este libro.

Administración de La Revista La Alborada
Chris y Norma.

Agradecimiento a todos los participantes

La Alborada desea dar su agradecimiento a todos sus poetas que han participado en esta *Antología Poética*, sublimes trovadores con gran sentido de la humanidad, corazones llenos de la gracia de Dios, que han donado sus derechos de autor en este libro, con el fin de levantar muy alto el nombre de la poesía. Ayudar a nuestros semejantes nos ayudara a ser mejores cada día y nos dara' la magia divina del ser que enarbola el campo de las letras como un gran estandarte por todo el mundo.

Literatos, autores, escritores, dramaturgos, ensayistas, novelistas, **poetas**, columnistas y versistas, es un gran orgullo para La Alborada su compañía cuando despunta el día, nos llena de gozo y amor su gran amistad.

Que esta Antología sea la que abra el paso a los excelentes proyectos que tenemos en mente, Gracias mis queridos poetas, amigos y hermanos, ha sido todo un honor el trabajo compartido.

Felita Mila Iborra.
Directora de "La Alborada."

Un claro de luna en La Alborada

Bello resplandor que suavemente, acaricias mi cuerpo desde tu lejana inmensidad,
me cubres, y cobijas cada anochecer, besas mi rostro con apasionada quietud,
…me buscas cual caricia milagrosa…, te busco, cual perfecta obra de Dios.
Te necesito reflejo infinito, espejo de mi alma, tu luz dibuja cada verso que escribo,
me enciendes como un lucero en la oscuridad,
desatas con sólo mirarte, el maravilloso concierto de mis letras…
me fundes con ellas, y juntos danzamos tu apasionada sinfonía.
Bajo tu influjo, luna clara, siento la magia…como mágica eres tú,
y llegas a mi, envuelta en tul de luces, directo al corazón que inspiras…,
¡ Hay de mi ! si no estuvieras…, ¡ Hay de mi…!
Te busco, y me buscas, te llamo, me llamas…, y vienes,
sellando mis ojos cada noche, al elevar la mirada cual plegaria,
desnudas mi alma, y retratas mi figura en la pared, como un cuadro de silencio y penumbra,
allí, donde tú y yo nos encontramos, para escribir la poesía que soñamos.
¡Claro de luna!…amante sinfonía ancestral, naciste conmigo y contigo nací…
Tú, en las alturas del infinito cielo…, yo en mi ventana, viéndote llegar…,
tocas mis manos cálidamente, rozas mi vientre con luz maternal…
y siento en mi mente el nuevo poema, que como a un niño he de acunar.
¡Luna mía!, no me prives de ti, sin tu claridad, ciegas mi inspiración,
tú me transportas, me haces poeta, me das la calma para crear,
muero de pena sin mi poesía, dame una estrella para abrazar.
Te necesito Claro de Luna, tú, mi poema siempre serás.

Rayo de luna que desde lejos, sabes que espero en mi ventana,
tú atraviesas cortinas blancas, blanco vestido me envuelve el alma,
tímidamente yo miro al cielo, para fundirme en tus luces blancas,
como una novia aguardo el manto para cubrirme con tu mirada
mientras yo gesto poesía blanca, descansa en mi como una calandria,

me perteneces en esta noche, hasta que llegue nuestra Alborada.

Tú, que me has visto llorar de pena, temblar de frio en la madrugada,
vibrar de amor, sufrir pasiones abandonadas, y miedos, y soledades,
duerme lunera enamorada, pero no apagues tus luces blancas,
si tú me dejas, no tengo nada, vuelve conmigo hasta mañana.
Ya viene el día, señora blanca, lleve su claro al colchón de estrellas,
no me abandone, yo como siempre estaré esperando en mi ventana.

ANA MARIA RODRIGUEZ (Argentina)

Ana María Rodríguez

Nací en la ciudad de Rosario, Pcia de Santa Fe, República Argentina, el 26 de Julio de 1949. Actualmente vivo en la Ciudad Autónoma de Buenos Aires. Ejercí como Prof. de Educación Especial, trabajando durante 36 años con niños con Capacidades Diferentes. Soy Narradora, Prof.de Teatro Infantil, Guionista, Escritora y Poeta.

Escribo desde los catorce años. El primer libro de poesía que leí, fue a los trece años: "Veinte Poemas de Amor y Una Canción Desesperada" de Pablo Neruda, desde entonces, se convirtió en mi poeta de cabecera, es posible que él, haya sido el motivo de mi pasión por los Versos. Durante mi adolescencia, me enamoré de la poética de Amado Nervo, Alfonsina Storni, Gabriela Mistral, Rubén Darío, y por supuesto, Pablo Neruda. Durante un largo espacio de tiempo, mis lecturas fueron esporádicas, prioricé mi escritura como símbolo de la edad del amor, para luego entrar en un período, en el cual, mi función de docente en doble turno me impedía seguir escribiendo, por lo cual, retomo la escritura formalmente en el año 2008, desde allí, no me detuve jamás. En el 2009 me incorporo a la Red Literaria "La Alborada" (EEUU), donde aún participo junto a un maravilloso grupo de poetas y escritores de varios países, bajo la Dirección de Felita Mila, colega y amiga, trabajo y participo con mis aportes, que son valorados, comentados, destacados y reconocidos con Diplomas y premios. También hago aportaciones poéticas en otras Redes Literarias de España y Chile, donde he recibido menciones de Honor, y Reconocimiento a mi participación en varias Antologías dedicadas a grandes Poetas como Pablo Neruda, Miguel Hernández, César Vallejo,

José Martí, Alfonsina Storni, y hoy, formo parte de la Antología Poética de LA ALBORADA, un sueño que ya es realidad.

Actualmente atravieso un período de lectura Biográfica de la poética mundial, y preparo la publicación de dos libros, "Versos Trasnochados" (Poesía),e "Historias Urbanas" (Narrativa).

La poesía, es una de las motivaciones más grandes de mi vida.

Ana María Rodríguez.

¡QUÉ NO ME VEAN LLORAR!

Estoy triste marinero, suelta el ancla de tu bote
estoy perdida perdida en el mundo…, quiero tocar horizonte.
Tengo angustia marinero, echa tu barca a la mar
que sólo sean testigos la luna y las estrellas,
¡Vamos grumete, apura!…ven conmigo a derivar…
Que el oleaje nos golpee, y nos lleve sin destino,
quiero escuchar los sonidos de tu canoa en el mar,
así saldré de este sueño, y sola podré llorar.

Aquí estoy amigo nuevo, anclada como tú estás,
mis pies clavados en tierra, cansada de suspirar,
no temas mi desconcierto, busco consuelo en el mar,
tú sabes de marejada, de viento y profundidad.
¡Empuja niño ! en la arena, nuestras huellas quedarán
hasta la nueva marea, nadie las ha de borrar…
¿no ves joven marinero mis lágrimas al brotar?
el silencio nos hace uno…, y casi estás por llorar.

Ya la bruma ha humedecido mis cabellos y mi cara,
se ha ocultado el horizonte, vistiendo de negro al mar…
y mis piés, que ya no veo, están cubiertos de sal.
¡Apura hombre tus remos!, cansada estoy de esperar.
Surcaremos la bahía, las olas me han de llevar,
navegaremos sin rumbo, sólo gozando del mar,
podré mezclar con el agua mi llanto y mi soledad…
estoy triste marinero, muy lejos quiero llegar.
Mi equipaje va conmigo, muy dentro lo he de llevar,
he cargado mi mochila, en otros tiempos con sueños…
hoy, arrastro desconsuelos, penas y soledad.
Ni insignias, ni mascarones, nada tenemos…dá igual…

Desata las viejas sogas de los gastados maderos,
quiero sentir que la espuma pinta mi cuerpo de blanco
como el blanco de la luna, refleja la inmensidad...
¡Estoy triste compañero!, déjame al viento abrazar,
llévame lejos remero...que nadie me vea llorar.

ANA MARIA RODRIGUEZ

"LEVEDAD"

Pasaré por la vida como hoja en el viento,
arrastrada sin destino, ni lugar propio,
habré caminado sobre mis propias huellas
sin reconocer mi existencia…,
Seré sólo una sombra invisible para todos,
y me preguntaré…, si habré existido.

Cada acción, cada palabra, se borrarán en el tiempo,
empujadas por la indiferente mirada que me circunda,
habré sobrevolado mis ideas, mis proyectos,
y en cada amanecer, voy muriendo un poco,
consciente de la intrascendencia de mi vida.

Pobres, de los que no me supieron ver
ni siquiera en el reflejo de mis mensajes,
pobres, de aquellos que me ignoraron,
y sin embargo me condenan…
Imposible olvidar tantas sentencias,
si a pesar de todo, me nombran y me enjuician
quitándole valor a mi existencia.

Y, me seguiré preguntando en cada amanecer
si estoy viva, o muerta.
Incomprensible desarraigo de quienes me encadenan,
habré librado miles de batallas estériles,
sintiéndome, nadie, buscando las respuestas.

Triste levedad de mi paso cansino,
pesada carga, sólo por mirar estrellas,
juicio innecesario a mi tránsito nocturno
que sólo sirvió para enamorarme de ellas.

¿Y qué de mis noches tristes, consoladas por poemas?
¿Quién se animó a mirarme, y preguntarme por ellas?
¡Pobre de quién no entiende, de cielos con luna llena!
Nadie se estremeció con mis versos y mis penas,
no descubrieron jamás, lo que latía en mis venas,
no saben de inspiración, de la pasión que me quema,
ni pueden imaginar, la eternidad de un poeta.

Podré partir de este mundo, y seguir viva en mis letras,
allí donde no se muere, más que de gozo y pureza…
Quizás me preguntaré, si encontraré las respuestas,
si a caso yo viví…, será porque soy poeta.

ANA MARÍA RODRIGUEZ

"UN DIA CON NERUDA"

Simplemente te vi entre recuerdos mundanos,
sintiendo el peso de aquel aliento que no fue en vano,
paso tras paso pisé las bases de tu refugio
y en cada paso sentí presente tu eterno abrazo.

Miré asombrada cada detalle de tu pasado
que al recorrerlo me desplazaba sobre tus brazos,
ya sin palabras, sólo miradas como gemidos a la distancia
sentí extasiada el fuego inmenso de tu mirada.

Tu casa eterna, que se extendía casi sin tiempo
como la forma que lleva el mapa de tu amada patria,
me iba llevando cual una nave en agitadas aguas
por los momentos que tu viviste como cascadas.

Navegante en tierra, de aguas saladas,
tu bote en el patio esperando amigos que lo abordaran,
mascarones de proa de mujeres tiesas que tu bautizabas
y aquel campanario que hacias sonar al paso del barco que tu
saludabas.

"Cosista de cosas", así te nombrabas
por guardar objetos que "no coleccionabas",
patrón de las mares, capitán en tierra
hombre que jugaba con locomotoras que tú tranformabas.

Simplemente, fui a buscarte, y te encotré donde estabas
en cada rincón de tu vieja casa, donde el eco aún se escucha
y yo pude verte, aspirar tu aliento, sentado en tu mesa o en tu
extraña cama,
simplemente te ví, inmenso poeta, navegar tu tierra, en bote del
agua.

Locura, maestría, talento de marras,
dueño de las aguas que golpeaban fuerte contra tus ventanas,
océano y tierra dominaste en letras,
y embarcaciones que tus campanadas jamás olvidaran.

Te bañó la espuma del extenso Pacífico
golpeando las piedras que oscuras quedaran,
y tantas burbujas mojaron tu pluma
que tu inspiración en cada poema dejaron clavadas.

Juro que te vi, guiando mis pasos
celando tus cosas, cuidando tu casa,
entrando a tu historia, por verde portal
sintiendo el suspiro de tus musas blancas.

Pasión y locura, mujeres variadas,
pero solo a una, la que tu amaras
espejo ovalado, banqueta de estilo
le diste a Matilde, solo por mirarla mientras se peinaba.

Covacha llamabas a aquel refugio donde tu escribías
entre la rompientiente, y la espuma blanca,
cuantas maravillas creaste en silencio;
Capitán de tierra, felíz navegabas.

Simplemente, te vi, un día en tu casa,
amé ver tus cosas, tu mesa, y tu cama,
me entregué a tu historia, a tu inquieta estampa
navegué tu tierra, y, me fui mirando tu final morada.

ANA MARIA RODRÍGUEZ

"ENTRE LUCES Y SOMBRAS"

En las palmas de mis manos, se dibujó mi destino,
mitad mujer y poeta…, mitad silencio y hastío…,
en mis manos escondidos, mi dolor, y mi esperanza,
y un murmullo de ilusiones, que se caen al vacío.
Dios de mis añoranzas, ¿ por dónde empieza el camino?
¿dónde me llevan mis pasos, cuándo me siento perdido?
En las ramas de algún árbol, dejé colgado mi sino,
o, en la marea del mar, que nunca me lo ha traído.
¡DÓNDE!, ¿en qué lugar mis fuerzas han fenecido?
como un torrente de lluvia, que deja el agua en el piso…

Encerrado entre mis manos, quedó guardado el destino,
como el destierro del alma, que de mi pecho se ha ido,
como el temblor de la tierra, que mis plantas han sentido,
¿qué misterio hay en el aire?, ¿qué secretos escondidos…?
si hasta el perfume de azahares, no llegan a mis sentidos…
Puedo ver a la distancia, siluetas en el camino,
sombras de algún pasado, que se han quedado conmigo,
hacia donde caminar, cuando se busca el destino…?
Tan sólo escucho los pasos, ellos caminan conmigo,
sin ropas, sin esperanzas, ellos también se han perdido…

Aún sigo caminando, creo ya ver mi destino,
las voces de aquel silencio resuenan en mis oídos,
seguiré tras esas sombras, encontraré mi vestido,
subiré esa montaña, para poder ver el río…
y buscaré entre los verdes, los aromas que se han ido,
y si me moja la lluvia, sentiré que yo estoy vivo,
el calor de la mañana, quizás entibie mis fríos,
y mis puños se abrirán, y volarán mis secretos
como pimpollos heridos, y de las ramas caerán
perfumados los azahares, cubriendo mi desnudez.
..como si fuera un vestido.

¡Ah!, del viento que me toca, y del sol que me acaricia,
de viejas desesperanzas, que se ha llevado el río,
el murmullo tan cercano, del despertar de mi alma…
¡Ahy!, de mis sueños locos, ue yo creía perdidos,
¡cuánta fatiga en mi cuerpo!, me recuerda que he sufrido
caminando por la vida para encontrar mi lugar.
Mitad "mujer y poeta", has ganado la batalla,
has vencido a los fantasmas del silencio y el hastío,
develaste el misterio con sólo abrir mis manos
para que vuelen mis versos…, como azahares en el aire.

ANA MARIA RODRÍGUEZ

"LA MIRADA DE LA LUNA"

¿Quién no logra enamorarse frente a ese claro de luna?
Hasta Cupido lo usa para crear sus efluvios…,
mezcla de luz y de fuego, que recorre el mundo entero
agitando corazones en su idílico sendero…
¿Cuáles serán las razones de su impulso apasionado?
a todos ha enamorado, mensajero de la luna,
suave como una pluma, nos acaricia la cara
atravesando fronteras, cual flecha,…directo al alma…
¡Ah!, qué bella tentación, saber que ella me mira
…cuando yo estoy desvelada…

Es mágica sensación, abrazarnos a la luna
para inspirar un poema, para pintar algún cuadro,
para fundir ese beso…que arde en el ser amado…
Si has prestado tu nombre, al bautizar sinfonías,
eres música, alegoría…,¡el arte te ha consagrado!
¡Quién no ha mirado la luna…,no ha transitado su claro!
Camina junto a ese hombre que vaga desamparado,
baña de luz los rincones…,besa al que sufre dolor,
acompaña al insomne, acaricia tibiamente
al niño en su sueño alado…,refleja en los ventanales
el vaivén de la enramada que el viento agita a su paso.

¡Quién no se asoma a la luna, deja escapar ilusiones!
-Te llaman "claro de luna", desde el principio del tiempo,
infinito como el cielo, satélite lleno de luz,
astro de magnitud que cuidas a las estrellas
esperando la más bella, jugando cuando amanece
a escondidas con el sol…
¡Ah del fulgor en las sombras!…claro de luna encendido,
serpenteas tu camino quitando la oscuridad;
la noche siempre te espera, coqueteando en tu figura,
viajan juntos por la vida…,nunca se han de separar.

¡Quién no mira nunca al cielo, se pierde la maravilla!
Una dama que vestida de blanco como una novia,
nos envía una sonrisa en claro rayo de luz,
nos invita a ver la noche como una fiesta encendida,
presta su techo de estrellas, para bailar a escondidas,
nos regala sinfonía…, su música celestial…,
pone el pincel o la pluma, y las teclas de algún piano,
acaricia al artesano, entibia garganta y voces,
inspirando cada noche…, su concierto universal.

No puede existir jamás, una noche sin la luna,
pues cuando ella se oculta…,al cielo vemos llorar,
todo es oscuridad, si sus ojos no nos miran,
la penumbra vestirá sobre su blanco ropaje,
pero blanca se verá…, como blanca es su mirada,
aún detrás de la bruma…, vestida de novia está.
Nada podrá nublar su mirada majestuosa,
pues sus ojos son dos rosas de belleza sideral,
aunque la quieran tapar, las nubes y las tormentas,
la media luna traviesa, jugando a las escondidas
…nos espía cada noche, aunque no pueda brillar.

ANA MARÍA RODRIGUEZ

Ma. de los Angeles Villar Gonzalez

Nacì el 30 de Noviembre del año 1953 en La Ciudad de La Habana Cuba, hija de español y cubana, era el seno de una familia dispersa y humilde. Actualmente vivo en Palma de Mallorca, España

Tengo 2 encantadores hijos a los he inducido por el camino de la lectura pero soy la ùnica que me decidì a escribir poesìas para enamorar, refejando en cada verso los destellos y las ansias de mi corazòn, la alegrìa de vivir y la bondad de existir aùn llena de felicidad.

Agradeciendo a Dios la oportunidad de poder tener inspiraciones sublimes.

EL TRISTE ADIÓS DE ALFONSINA

La necesidad de amarte es eminente, esta soledad me aniquila, no soy capaz de resistir tanto dolor, extiendo mis brazos y siento que es inútil, no alcanzo, no llego a tocar ni un vestigio de tu cuerpo, cada vez te alejas más, más de lo que en realidad quisiera mi alma y mi corazón.

Mis sentidos parecen que en cualquier momento van a estallar, mis ojos parecen ríos secos por la ausencia del agua viva que hace que fluyan agigantando su caudal y que sin ellas muertos están.
Te llamo, balbuceo a penas tu nombre y no escuchas este hilo de voz que intenta salir de mi garganta
Dónde estás? qué vientos sofocados te arrastraron y te llevaron tan lejos de mí, porqué la ausencia de tus besos me hacen sufrir.

Porqué la soledad daña tanto, porqué mi vida se empeña en dejarse arrastrar por los malos pensamientos
y que dominándola me hace ver la desigualdad del querer y el poder, la indiferencia de algunos seres, más el tuyo dañan el corazón, dañan el sentir y los deseos de vivir.
Ya no fluye mi vida como los ríos alegres y caudalosos con sus aguas frescas invitándome mirarme en ellas ya no, si tú no estás, si no regresas nada tiene sentido.

Me iré para siempre donde nunca nadie jamás me vera, sólo los brazos de dios me acunaran.
Si llega después de que yo haya partido, no le cuenten, simplemente díganle que me he ido.

Ma de los Angeles

COMO UN PARIA

Soy como un ave que en su lecho
levantar no puede sus alas
sinpoder alzar el vuelo
ni llegar a tu morada

Y miro al cielo que triste
negros nubarrones lo acechan
te llegan al alma flechas
ensangrentada de dolor

Intento subir la cuesta
con èstas alas mìas rotas
pero al mirar no notas
mi ansiedad de compartir

Mis tristezas,mis angustias
la noche se muestra mùstia
y en este lecho de muerte
me dejo arrastrar por la suerte
que me ha tocado vivir

Ma de los Angeles

SOY MÁS QUE ESO

Soy quien te reclama, porque te ama
soy salero,armonìa y vendaval
con la que siempre vas a bailar
al son de èsta marimba mìa

Soy alegrìa,pasiòn la que te enreda
en su cama, a la que le dices que amas
con increible devociòn porque va
tu corazòn directico a mi vereda

Soy aunque no quieras la que amanece
en tu lecho esa que acaricia tu pecho
cuando tienes sensaciones y a la que
adoras por màs de mil razones

Porque en mi vida estàs y todo aquello
que te pido tù muy arrepentido por lo que
me haces padecer me dices que voy a ser
siempre tu màs reluciente destello

Ma de los Angeles

CAUDAL DE PASIONES

Bajo el susurro del cielo
tu voz dulce a mi me canta
cuando besas mi garganta
se derrite todo este hielo

El calor de tus labios,
tu dulce aliento me llega
yo te amaré donde quieras
aprovechar la ocasión

Latirá mi corazón tan fuerte,
que sentirás este mi amor
quedar tallado en tu alma
porque tu voz devuelve mi calma

Querrás atarte a mi cintura,
a mi boca, a mis locuras que
con amor te ofreceré y yo aún
más te amaré

Ma de los Angeles

ABSOLUTAMENTE TUYA

Son nuestras noches ardientes
giran alrededor de nuestros cuerpos
pinceles color púrpuras, seductores
y sedientos

Me penetras en la mente suavemente
y deshaces los lazos de mi bata
como iniciando una gran batalla
y que a mi cintura me ata

Sintiéndome absolutamente tuya
me dejo dominar por tu boca, dejo
que me consuma el ardiente fuego
de tu amor

Y las punzadas tocan mi alma
y contorsionan mi cuerpo salvaje
pero tierna y apasionadamente
aún así no diré basta jamás

Seguirás enloqueciendo mis adentros
besando estos labios que secos y
sedientos te suplican amar, te piden
mojar con tu saliva mis labios sin cesar

Ma de los Angeles

Justina Cabral

Escritora por vocación y diseñadora gráfica por oficio, nacida el 29 de Abril de 1987 en la ciudad de Mar Del Plata, Argentina. Socia de la Sociedad de Escritores Latinoamericanos y Europeos, y miembro del movimiento cultural Poetas del Mundo. Publica sus poesías y cuentos en diversos sitios de internet, revistas, diarios, y antologías grupales. También editó su libro individual "Dulces y limón" en Estados Unidos de América bajo el sello de "Editorial portilla". Ha ganado varios premios, entre ellos: Segundo premio y mención en el "Quinto concurso literario y de ilustración" en la categoría de poesía, organizado por la Asociación Cultural "La Era del Caos" (España). Segundo premio en el concurso "La natividad" organizado por el grupo literario "Castillo mágico de poetas" (Perú). Tercer premio en el concurso "Quiero curar la tierra" organizado por el grupo literario "Poetas del mundo Ning" (Estados Unidos de América).

Finalista en el concurso de relato corto "Los cuentos navideños de la abuela Amelia" organizado por el grupo literario "La cesta de las palabras" (España). Finalista en el concurso de poesía "Desde el corazón" organizado por el grupo literario "La cesta de las palabras" (España).

EL PAÍS DE LA OREJA

En la oreja de un gigante
descubrí un país de cuentos
con páginas hechizadas
por un brujito hechicero.

Hacen fila los adultos
y hacen fila los pequeños
para recorrerlo todo
por afuera y por adentro.

Yo sé de un tonto soldado
con elegante sombrero
que protege a los autores
de los más locos inventos.

No desea ni lectores
ni admiradores secretos
por eso lector amigo
lo espanto cuando lo veo.

Justina Cabral

AMISTAD

(A Marta Trainini)

Perdí con el aguacero
las sonrisas del ayer...
¡Partieron con la corriente
en veleros de papel!

Supe de flores marchitas
que en otro jardín regué...
¡Hasta que llegué hasta el tuyo
y rosales vi nacer!

Estrellas no vi en el cielo...
¡Eclipses mis ojos ven!
Y en tu horizonte consigo
infinito amanecer.

Refugio tengo en tus brazos...
¡De allí no me escaparé!
¡Con tu amistad me renuevo!
¡Siento que vuelvo a creer!

Justina Cabral

LADRONCITO

A cuchara y cucharita
batí hasta el primer hervor
esperando la llegada
de mi amigo el tenedor.

Un duende petiso y gordo
en mi casa se metió,
me robó la cacerola,
y un gran susto me pegó.

Fueron muchas mis corridas
por el living comedor...
¡Atraparlo nunca pude!
¡Fue un asunto cansador!

Su taza de porcelana
sin leche tibia encontró
un querubín de mi barrio
pero no me sorprendió.

Justina Cabral

LA BRUJA TONTA

Por tejer sin las agujas,
sin dedal y sin control,
la bruja despelotada,
sin sus dedos se quedó.

Pobre tonta... ¡Me dio pena!
Cuando habló con el doctor
se enteró de que su asunto
no tenía solución.

Ahora la bruja manca
su narizota metió
adentro del costurero
para buscar un botón.

Hinchada como piñata
y con un lunar bordó
quedó su larga nariz
que a todos causa terror.

Justina Cabral

NATURALEZA

El mar tiene su perfume...
¡Su encanto así descubrí!
El viento fue a visitarlo...
¡En un velero lo vi!

Bostezan selvas y bosques
mientras canta un colibrí...
¡Contemplando maravillas
en sueños verdes dormí!

Y las montañas suspiran
encima de mi nariz
enamoradas de Julio
y yo me siento feliz.

Justina Cabral.

Elsy Alpire Vaca

Escritora y poetisa boliviana, nacida en Cobija. Pando. Bolivia, el 6 de abril de 1944. Profesional en Secretariado Ejecutivo Bilingüe. Técnica Superior en Contabilidad, Administración Fiscal, Liderazgo Político y otras materias. Egresada de diferentes centros educativos nacionales y extranjeros.

Ha publicado: Ensayos históricos, Novelas, cuentos, poesía y literatura infantil y juvenil, desde 1980 hasta la fecha. Algunas de ellas son "Primeras Alas"-1980. "Imagen de Pando- 1999. "Los Secretos de las chicas" -1998. "La Madre Siringa" 2005 "Antología Poética Norte Amazónica" 2.006. "Centenario de la Ciudad de Cobija" 2006. "Historia de Pando-La Guerra del Acre" 2010, y otras.

Fue Presidente de la Sociedad de Escritores de Bolivia durante la Bienal 2009-2011 que realizó el VII congreso nacional de escritores bolivianos en la ciudad de Cobija-Pando.

Ganadora de concursos nacionales e internacionales. Sus obras se encuentran en diversas Antologías Hispanoamericanas: "La Voz de los siglos". "Coletanea-San Paulo-.Brasil". "Mesas Redondas Panamericanas" y otras. Es socia de la Academia de Letras de Rondonia-Brasil; Unión Boliviana de Clubes del Libro; Academia de Literatura Infantojuvenil Boliviana; Poetas del Mundo y varias otras organizaciones culturales nacionales y extranjeras.

ESTE SILENCIO...

Que hiere mis venas
Que amenaza agredir mi alma
Desafía mi soledad
Como hechura de un puñal

Este silencio
Carente de ternura
Ni por sueños se figura
Que es dueño de mi suerte

Tú, silencio, eres mi aliado
Porque en las entrañas de tu lado
en luminosas cumbres
puedo ver más una lumbre...

En el tiempo incomprendido
Y la vaguedad de tu espiral
Nace la idea como cristal
De suprema inspiración

Locura, frenesí, felicidad
De un sueño y una estrella
De alegres pensamientos
De exactitud y de ilusión

En ti se hunden mis olvidos
Acariciando el nuevo nido
De una luz en su futuro
abundante como el sol

Este silencio,
en su rústica ignorancia
con calor de travesura
simboliza una ventura...

Elsy Alpire Vaca.

RETORNARE

(Poema en Prosa)

Al borde de mis tiempos veo partir el florecer de mis dos manos. Manos que se aferran al umbral de los despidos, sin llantos ni temores sino con alegría, esa alegría que ayer fuera esperanza por abrir oscuros y tétricos caminos hacia la luz de los puntos cardinales que hicieron los andamios de mi transitar. Retornaré arrancando aspas y sembrando flores para el caudal de aguas que no regresan jamás, pero que guardan el eco de un regreso feliz y renovado.

Me encontraran los que me amaron en el punto terminal de un mundo nuevo, en el único concierto que suelen elevar las voces de los desahitados Al retornar después de haber corrido.la infinitud de los espacios por los rincones de todo el firmamento, cantaré. Cantaré aquella canción de mi niñez en aquel ritmo infantil que aprendí en la edad primaveral y que no es más que la tonada de hermandad que congrega al mundo nuevo con amor universal.

SELVAS TROPICALES

(Poema en prosa)

Ante el aire impuro de ciudades, multitudes y otras calamidades, más prefiero la atmósfera del monte, las playas de los ríos a plena luz del día; y por las noches, mirando las estrellas, embriagarme ante el embrujo de la luna nacarada, ella que es la única que me traslada al universo azul de intensos y vibrantes amores mecidos por el viento.

Es así que descansan los sentidos, arrobados por esas claridades, donde apacible cae la sensación más pura, de un ambiente alejado de penas o lamentos. Mucho más en estas selvas tropicales, reflejadas en floridos arrabales que iluminan el cantar de las edades, musitando la eterna primavera teñida de paz y esperanza.

(Elsy Alpire Vaca)

NOCHE TROPICAL

(Prosa poética a la ciudad de Cobija)

Se dice Noche Tropical a las horas que cruzamos despiertos por la ciudad que antiguamente fuera "La Perla del Acre". Es entonces cuando se siente en carne viva y en el centro mismo del corazón, la dulzura del silencio, la paz de la lejanía, ¡Tan intensa y tan profunda se la siente! Es la noche que parece el día, despierta, latente, vibrante a la luz de la luna y las estrellas. Para todas aquellas personas que no conocen el pasado y el presente de esta encantadora ciudad, ella se muestra aún con el encanto de su natural lozanía, pureza y juventud, colmada de ilusiones, de ensueños, de fantasías y de eternos amores chapados a la antigua, conquistando y desarrollando los romances bajo el trinar de la aves, las mortecinas caricias de las brisas del acre, la música de los vientos tibios que halagan los semblantes de los tranquilos habitantes. En esta ciudad el subdesarrollo es felicidad, porque no existen industrias contaminantes, ruidosas máquinas de transporte y los lugares de diversión nocturna se cierran poco después de la media noche y todos respetan el sueño de los demás.

En las plazas silenciosas se puede oír el concierto de ranas y mosquitos, trinar de cuyabos y de búhos, lejanos ladridos de perros guardianes y el cantar de los gallos por la madrugada y al amanecer irrumpe vibrante el cantar de aves que abundan en los árboles gigantes que adornan la ciudad, para despertar y seguir viviendo en la sencillez, naturalidad y humanismo de sus moradores.

En las calles enlosetadas quedó la historia como huella eternizada por los recuerdos del imperio del caucho, época de oro y abundancia económica temporal (1890-1940) tus noches eran otras por la circulación de libras esterlinas con motivo del auge de la goma, cuando se erigieron centros de comercio de diversos tipos para los pocos habitantes de la época, cuando vinieron comunidades de más de treinta países europeos, norteamericanos, japoneses, libaneses, italianos, árabes y otros. Esos grupos extranjeros constituyeron la base cultural de la ciudad con una forma de vida de primerísima categoría, de aquello aún existen familias descendientes que no cambian estilos de vida ni dejan de ejercer lo que heredaron de sus ascendientes.

Por los inmigrantes extranjeros que vivieron y por los vivos que aún te gozamos, seguimos en la simplicidad y grandeza de espíritu. Los nuevos grupos de inmigrantes te reciclan y pretenden vivirte en su pobreza y tú los acompañas como nueva creación, también los reconoces, son parte de ti, están aquí para vivir de lo que tú misma les das. ¡Oh!, bendita "Perla del Acre", la vida entera me pasaría escribiendo de ti, y no me importa la poesía, ni la rima, porque en esta visión habita el alma mía.

(Homenaje a la ciudad de Cobija en su
105° aniversario de fundación) Verano del 2011.)

Elsy Alpire Vaca.

EL CASTAÑO

Vegetal que se levanta soberano
Como un cuento más allá del tiempo
En la selva pandina y sus alrededores
Trascendiendo los sueños del hombre.

En las edades de su tallo
Se miran aparentes grietas
Que hablan del hambre y sus heridas
De injusticias, deberes y olvidos.

Las cenizas de la historia
Cuando él alimentó al mundo
Llenaron las manos de tesoros
De quienes explotaron y gozaron su poder.

Impasible en el silencio de su esencia
Sigue mostrando la señal de pertenencia,
Predica su presencia el grito
Con sus brazos tendidos hacia el infinito

Sigue dando su aceite y alimento
Sereno en el emblema de su signo
Guardando el poder de su inocencia.
Es el verdadero guardián de las verdades.

Elsy Alpire Vaca.

Carmen Amaralis Vega Olivencia

Es una científica distinguida que nació y vive en la ciudad de Mayagüez, Puerto Rico. Trabaja como catedrática de Química y es investigadora en la Universidad de Puerto Rico, Recinto de Mayagüez, donde por los últimos 37 años ha dirigido exitosamente 52 tesis de maestría y una tesis doctoral en variados temas en el área de la Bioelectroquímica con aplicaciones médicas y forenses. Sus innumerables viajes alrededor del mundo han despertado siempre su curiosidad vital y su hipersensibilidad ante la naturaleza y el hombre, siendo su pasión la literatura en varios géneros: poesía, prosa lírica, cuentos breves y crónicas de sus viajes. Ha publicado siete libros, todos con la Editorial Escarcha Azul de FUNDALEA en Venezuela. Es miembro del comité editorial de varias revistas literarias como lo son El Relicario, Dialogo, y Palabras Diversas. Ha sido incluida en un número impresionante de antologías en múltiples países: España, México, Perú, Chile, Argentina, USA, Puerto Rico y Venezuela.

Grito sin destino

Grito, me desgarro gritando,
y mi grito se pierde.
Envío un mensaje sin destino.
Resuenan campanas.
Las campanas de mi voz
tratan de despertar conciencias,
despertarte de tu sueño interior.

Deseo que brille el dolor en tus ojos,
y te duela el ajeno,
como le duele el agua al rio al perderse en el mar,
como duele el parto de una niña a destiempo.
Y mi grito se pierde.
Se pierde en el vapor de calderas nucleares,
en la sangre del himen destrozado
de la niña de tierras calientes,
al sur de los diamantes que calcinan,
diamantes ensangrentados
con la sangre de esclavos negros,
muy negros.

Como esos negros que desprecias
por no ser como quieres,
querubines de mármol de Carrara
suspendidos de la cúpula del templo,
tu templo.
Del templo donde imploras al Dios vivo
perdone tu ceguera, tu sordera.
Y mi grito se pierde,
eco sin destino ni esperanza,
calcinado en la espera

Carmen Amaralis Vega Olivencia.

Fractales del amor

Tengo en fractales el alma.
Miles de vórtices me elevan.
Guardo en geometrías nuevas
todos los amores del pasado.
Afloran las caricias que dañaron
aquella piel de niña ilusionada.

Se esconden en figuras raras
los besos con veneno
de esas bocas, la tuya,
que desea morder desesperado
los simétricos labios de mi boca.
Guardo en simetrías la esperanza
en múltiples imágenes tatuadas.

Tengo grabados de vida luminosos
de un diseño de mágicos colores
allí, donde se cruzan viento y fuego
en los prismas de mi amor eterno.

Carmen Amaralis Vega Olivencia.

No a destiempo

Esa niña-mujer,
la que te vuelve loco
con su extraña inocencia pintada al rostro.

Esa silueta que estremece las noches
de lunas embrujadas.
Te mira asustada cuando ofrece
la flor repleta de elocuencia,
recubierta de elixir sobre el cuerpo.

Y la voz interior te grita
-ten cuidado,
debes fortalecer tus frenos.
Coqueta pone su clavel en tus manos,
Y sabes que no debes

libar su néctar de virgen deseosa.
Sudas en frío tus ganas
por esa maldita ternura que se brinda
coqueta y loca.

Y tú, lobo audaz,
conoces del fuego que le invade
cada vez que te acercas
con ese olor a hombre en las espaldas.
Por favor,
controla el arrojo que te enciende
por besar los labio virginales de ese rostro
que brinda entre anhelos el rubor.
Detenerte es un infierno,
Pero sabes que aún no es tiempo
de desojar en tu jardín su flor.

Carmen Amaralis Vega Olivencia.

HOMBRE CABRÍO

Eres hombre,
tan hombre que te invento.
Hombre magnolia
que abraza con aroma blanco.
Hombre que me traga la noche
con su mirada negra,
y me pinta la vida claroscuros.
Hombre tan hombre, pantera,
terciopelo mullido sobre el vientre
imaginando camas.
Hombre que apantana la vida
e inunda en sus aguas.
Hombre de sonrisa que pervierte,
que hace desear cosas extrañas,
de esas que sólo los hombres bien hombres
pueden dar.
Hombre cabrío,
Usted.

Carmen Amaralis Vega Olivencia.

Trino Sonoro

Te quería ver volar
sin que dejaras el nido.
Verte libre y feliz,
eso quería.
Fue tan corto el amor en mi regazo.
Bastó escuchar una noche tus quejidos,
tus ansias de libertad,
de calor nuevo.

Imposible retener un alma errante,
impedir soltaras mis lazos,
rechazaras ilusiones tibias,
si deseabas fuegos
de madrigueras ardientes.
Y ahora yo,
corazón tatuado
con un hueco en el centro,
trino sonoro de temores viejos,
delirando en las angustias de perderte.

Aquí sola,
triste,
inerte,
con las ruinas de un nido abandonado
y estas ansias de ti.
¡Mi sangre vuela contigo!

Carmen Amaralis Vega Olivencia (CAVO)

Theo Corona

"Pero la mejor parte de la biografía de un escritor no es la crónica de sus aventuras, sino la historia de su estilo."

Vladimir Nabokov.

Nací, y eso es lo importante, porque Dios me trajo a la vida con un propósito que solamente Él sabe, pero que ha ido descubriéndome poco a poco. A Él pues, le debo y le agradezco la vida.

El poeta, lo he dicho en otras oportunidades es universal, porque universal es la cultura, y dentro de ella la literatura donde nos encontramos inmersos.

Nacer en una ciudad que le adjetivan de crepuscular y musical de Venezuela, es ya un privilegio por el cual no hice el menor esfuerzo; mas ubicarme en el contexto cultural de esa definición si ha dependido de mí, cuando tome la senda de la poética, la prosa, la narrativa, la novela, en fin, todo lo que con las letras pueda llegar a hacer un ser humano.

Mi obra habla por sí misma, por lo que saldría sobrando narrar cortamente una autobiografía que nos pasee por caminos andados de mi formación literaria, aunque siempre haya estado mi vida unida a ella.

Réstame pues agradecer esta invitación que me honra, al permitirme formar parte de esta Antología de "Alborada" dirigida por la siempre apreciada y querida Felita Mila Iborra.

A Dios

Cautivo soy de tu locuaz mensaje
aunque en mí la ignorancia brille,
reconozco que eres muy sublime
al permitirme vivir de tus pasajes

¿Qué quieres de mí, fiel amigo,
cuando eres tan pertinaz y avasallante?
¿acaso puedo ir sin Ti adelante?
Sé que sin ti jamás venceré al enemigo

quien ha hurtadilla me seduce;
causándome amargo desaliento.
Ven tú y auxíliame con tu santo aliento
Y filtra mi alma a través de tu cedazo.

Theo Corona

Amor que impele

Cae la noche traslúcida y fría
Y el astro espejo; luna refulgente
Su luz penetra en la melancolía
Haciéndose suave, idílicamente.

El ansia danza en mi fibra aldeana
Ya se siente tu respirar ansioso,
Ambos cíclopes con edad temprana
Su entregan es sedienta y animoso.

Rompiendo el cielo en gesto incontinente
Permite el celo de la fogosa hada,
Que ya se entrega toda sorprendente
Al florearse la hermosa alborada.

Las luciérnagas van en retirada
Como aturdidos y liados cartujos;
Una a una silente, alineada
Entre las sendas de los besos brujos.

Tejen envidiosos en los edenes
Hacer ver nuestro amor como profano,
Expiran trémulos en sus vaivenes
Mientras nos cortejamos muy ufanos

Theo Corona
Serventesio (*)

(*) Es la combinación de los versos en un cuarteto en los que las rimas son alternas
(ABAB), y la métrica es endecasílaba. Generalmente son rimas consonantes, como en
este caso.

Ella: mi estrella, mi luz

El amor en ocasiones tiene nervios de acero
O es frágil y menudo, como una hoja al viento.
El amor tiene matices; tiene llanto, risa, cielo
Y un montón de hojarascas que se la lleva el viento.
Pero el amor que por ti, en este momento siento;
Es un amor fraguado en un crisol de acero
Nacido de una vida, de una entrega sin lamentos
Con ese azul intenso, que brilla en tus ojos bellos.

Mi vida ahora es un cosmos sin fronteras..., inmenso cielo
Que despeja las corrientes; que une mar y cielo
Donde habitará por siempre el cobijo de tu aliento,
Y una colosal sabana sembrada con tus helechos.

Este amor que perdí una vez, a mis brazos ha vuelto,
Y vino ahora sin tregua, todo de pasiones pleno;
Envuelto en sinfonías, en cantos de azulejos
Y posando en mis labios, los besos que le devuelvo.

El arcano nos festeja con un infinito silencio;
Es una pleamar de pasión, amor y ardiente celo
Que se muestra exigente, granizado en tu pelo
Volcado sobre la estambre..., tejido para un milenio.

Theo Corona

Ermitaño

No hay que llorar la muerte de un viajero,
hay que llorar la muerte de un camino.
Andrés Eloy Blanco

Y da la frente el ermitaño
al sol, amigo inseparable;
y la fuente que amaga daño
silenciosa sigue en su carruaje

Allí la gruta y la vieja piedra
allí los arbustos y las setas;
todo lo envuelve la verde hiedra
en las lívidas y mustias estafetas

La espera como mortal sonata
invade la fragilidad del tiempo,
él soñaba con jardines escarlata
y ella esperando, se la llevó el viento

Y allí en la calma inocente del rastrojo
el antiguo campanario hizo vibrar su duelo;
y prontamente se entera el vecindario
que solo ha muerto el viejo ermitaño

Causó pena el desenlace amargo;
pero una bandada de piadoras aves
cantaron generosas y sin tono agrio,
El Ave María de Schubert, al solitario

Theo Corona

Dedicado al amigo: Pintor e historiador venezolano
Napoleón Pisani (Napo)

Aguardo

Con la distancia se abriga el recuerdo,
El recuerdo aviva el ligero fuego.
Vuela ya hacia ti mis ansias sin miedo
Seré de tu cuerpo un fiel andariego.

Alabo sereno tu bella esencia
Que se trasporta desde lontananza.
Llega a mí la deseada cadencia
Podando así, la dolida añoranza.

Todo se graba en mi expía retina
Que penetra ya esa luz azulina;
Que mi vida toda, torna en lamento.

Pero el hastío mi amor no doblega
Porque siempre dispuesta está la entrega;
Cuando Dios honre el preciso momento.

Soneto endecasílabo

Theo Corona

Gladys Alvarado

Escritora nacida un 20 de Septiembre, en el Salvador C.A.

Participa con sus trabajos en antologías grupales, páginas Web, diarios, revistas y programas radiales, concursos de poesías.ganadora del primer Premio en 'la Alborada' con el Poema" A través de mi ventana"participo en una Antología Libro solidario "Corazones con Esperanza", también en una antología en Ingles "Stars in Our Hearts" con el poema ""Some one Said my name" recipiente de innumerables poemas destacados de muchas redes. Diplomas de Honor, y innumerables reconocimientos por su participación en las redes, y excelencia poética, mención de honor, y certificados de miembro de honor. Amante de la poesía desde muy niña, nieta del Dr. Álvaro Sergio Centeno, quien escribió un poemario, llamado "Remembranzas, en el Salvador.

Ha obtenido varios reconocimientos.

Residente de los Estados Unidos desde 1972.

A TRAVÉS DE MI VENTANA

Mirando hacia afuera, me he quedado,
después de tu adiós, que cruel destino,
tomaste mi corazón, mi bien amado,
y llorando lo dejaste en el camino.

Mas hay allá afuera, un sol radiante,
y recuerdo amores que ahora duelen,
tu eras de mi alma, el dulce amante
y llenabas mis horas de placeres.
Más solo recuerdo de tu adiós,
el beso que me diste, como judas,
después me entregaste a mi desdicha,
y sola voy sufriendo esta tortura.

Quien jura que el amor es infinito,
que es lo más bello de esta vida,
mírame despacio, de hito en hito,
y tendrás la respuesta a esta mentira.

El amor duele, el amor te cobra cuando puede,
la risa, la pasión, las noches bellas,
de un momento a otro se vuelven mis querellas,
y sufre el corazón en la penumbra……
……¡De un cielo sin luna y sin estrellas!

Gladys Alvarado

AMORES DE NOCHE

Hay amores que llegan, cuando llega la noche,
cuando el sol ya se muere, y ha cerrado su broche,
son amores de esos, que se mueren de ansias,
mas ya no son tan locos, y viven de esperanzas.

Esos que ya no esperas, esos que te doblegan,
porque en todos tus años, olvidaste que llegan,
y sin abrir tu puerta, se meten muy adentro,
son amores que invitan, a buscar un encuentro.

Hablo de los amores, esos que no comprendes
sumida en pensamientos, estás y te sorprendes,
es que aquí adentro, hay como un torbellino,
que te arrastra sonriendo, a un goce divino.

No duermes, pues te llegan, en la noche y el viento,
te acaricia en sus redes, pensándolo, y lo siento,
que me besa, que me envuelve en sus brazos,
y no piensas que un día, quizás serán fracasos.

Los amores que llegan, ocultos por las nieblas,
cuando toda la luz se te ha vuelto tinieblas,
y ya tu corazón, cansado, sin quimeras,
vuelve otra vez a latir, en nuevas primaveras.

Esos amores son, los que estando despierta,
parece que son sueños, en la tarde desierta,
y te llenan el alma, de pasión y ternura,
pues llegan a tu vida, borrando tu amargura.

Son amores de tarde, casi de despedida,
quizás serán los últimos, que vengan a tu vida,
por eso son más fuertes, que casi te enloquecen,
y te hacen amar sin tino, hasta que desaparecen.

Gladys Alvarado

AMOR PERDIDO

Creyendo que tu amor era tan mío,
durmiendo sintiendo la derrota,
sufriendo del amor aquel vació,
la triste pena de verte con la otra.

Así penando voy tan sola por la vida,
con en alma en la mano en mi huida,
queriendo ocultar la fe perdida,
en una noche oscura estremecida.

Un grito apagado allá se escucha,
un alma atormentada desfallece,
el amor le a cobrado y en su lucha,
perdiendo el corazón desaparece.

No quiere mirar el sol de la mañana,
ocultando su dolor yace tendida,
en aquel aposento con desgana,
sin su amor, llorando su partida.

Amor de mujeres que creyeron,
palabras endulzadas y mentiras,
de unos labios amantes que dijeron,
te amo, como el aire que respiras.

Allí van por el mundo adoloridas,
llevando en su vientre el infortunio,
son mujeres por el amor caídas,
les duele el corazón en plenilunio.

En las noches colmadas de estrellas,
están enamoradas recordando,
deseando olvidar de sus querellas,
lo triste, y con pasión seguirlo amando.

Que triste es sufrir, de amor perdido,
que duele el corazón y le sorprende,
no entiende de razones va dolido,
prefiere seguir amando y no comprende.

Gladys Alvarado

BAÑÁNDOME EN TUS AGUAS

Me he bañado en tus aguas amor mío,
me han llenado de caricias en la noche,
suaves resbalando por mi cuerpo, y yo ansió,
deleitarme de pasión en un derroche.

Aguas juguetonas que me vuelven loca,
son tus besos, que se hacen unas gotas,
deliciosas llegando sutiles a mi boca,
eres mi mar, mí río, y me provocas.

Despiertas sensaciones ya dormidas,
me traes ilusiones, y deseos de tenerte,
y salen las ansias por años reprimidas,
y pienso extasiada, solamente en poseerte.

Eres agua cristalina que hoy resbalas,
juguetona acariciando la piel,
y hurgando en mi boca me regalas,
los más dulces besos, y tu miel.

Sigue en mi camino hoy incierto,
despierta sensaciones olvidadas,
quítame esta sed, que en mi desierto,
por años han sido muy deseadas.

Perdida estoy en cuerpo y alma,
mojándome y disfrutando de lo suave,
que es sentir tu caricia y esta calma,
que me envuelve despacio como un ave.

Sensaciones, caricias, todo eso,
siente mi alma al ser querida,
al perderme contigo en embelezo,
amándote, locamente sin medida.

Gladys Alvarado

LA NOCHE QUE TE FUISTE AMADO

La noche aquella en la que te fuiste,
segura estuve que te olvidaría,
nadie me dijo, que el amor es triste,
que nunca se olvida lo que se quería.

Sentí que el alma de mi se salía,
que nunca en la vida creeré en amores,
igual que en la noche me encontrará el día,
llorando y sintiendo profundos dolores.

Quise sepultar recuerdos ingratos,
pensar que te fuiste hasta el otro día,
que tendremos hoy momentos muy gratos,
perdidos besándonos en el mediodía.

Más llego la noche y no estas conmigo,
y me doy cuenta que ya te he perdido,
te fuiste alejando, no siento tu abrigo,
aquel que me dabas y ahora es olvido.

La triste amargura hoy me perseguía,
disfrazaba el llanto, la melancolía,
mas en mi semblante pálido había,
lagrimas copiosa de triste agonía.

Las horas se pierden igual que la vida,
que pasa veloz llevando penares,
y esos dolores de amor dan cabida,
a un alma sola perdida en los mares.

El agua, la brisa, trae remembranzas,
de noches enteras sintiéndolo suyo,
pegados los cuerpos, hoy son añoranzas,
de aquellos amores que mato el orgullo.

Gladys Alvarado

Pablo Soñís

Argentino, autodidacta en literatura e historia, amante de las letras, tanto en la lectura como en la creacion artistica.

Inicio sus estudios en la facultad de economia, para luego pasar a filosofia y letras. Admirador de la literatura francesa y latinoamericana, del boom de los años 60.

Actualmente, reside en Bariloche, provincia de Rio Negro, Argentina.

El libro

La dulce verdad la que florecio entre libros.
Siglos y siglos de paciente espera,
y luego medida exacta
metro patron
convergiendo la historia
en su meta declarada
ideal de cada dia
solucion esperanzada
para millones de seres
del mundo en sus adentros.

Alli donde la luz, es creciente oscuridad:
hambre y frio hechos presencia
reproches y murmullos por un trozo mas de pan
herida mortal de sentirse en vida
esperanza esperanzada, en una muerte digna
antes que en la vida
agonia moribunda.

El libro llega ya
se transforma en arma
boca de cien mil palabras
ojos por los que mira el pueblo
alegria vital de sentirse historia
historia escrita por actos
y no escrita por otros
necesidad urgente de sentirse ser.

Pablo Soñis

El testamento de Van Gogh

Hui de la realidad
cuando encontré en mis sueños
el reflejo de mis deseos.
Ante la insoportable idea
de una realidad agotada
el mundo de la fantasía
abrió en par sus puertas
a todos mis sueños.

Mido mis pasos con cierto temor
el mundo no soporta la fantasía
por temor a su propia locura
y es la soledad del vidente
el muro más poderoso
que contra el se yergue.

Yo me reveló contra la conciencia del mundo
lanzo contra ella mi grito
y es el arte mi espada.
He negado la razón
para despojar del arte
la mentira de un siglo
y he muerto al fin
dejando mi obra
como un testimonio más
del dolor sufrido.

Pablo Soñis.

La bestia

El grito de la bestia ha comenzado
yo veo sus ojos
yo siento sus pasos
yo percibo la ansiedad
que se apodera de cada uno de nosotros.

La bestia ha despertado despues de un largo sueño
y dirige su rumbo
hacia el corazon del hombre.
La bestia no conoce la piedad
y se entrega a su obra con pasion
la humanidad ciega en su paraiso artificial
no vislumbro el peligro.

Pero la bestia hora a hora, dia a dia
va cobrando sus victimas.
Quien podra enfrentar a la bestia
quien la hara regresar al sitio
que hasta ayer
ocupo en sus sueños.
La bestia conoce su fuerza
la extrema deshumanización del hombre.

Pablo Soñis.

Augusto

Augusto era un hombre
perdido en el silencio
sus manos rebazaban colera
sus ojos color gris
desafiaban las miradas.
Augusto no quería morir
pero moría a cada instante:
en los cines,
en el softball,
en el trabajo.
Augusto ya no hacía el amor
Augusto comía de vez en cuando
Augusto desconfiaba.
Augusto se me apareció una noche
me dijo adiós
mi vista lo perdió entre las sombras.
Augusto no existía en la realidad
miles de seres
día a día
noche a noche
toman su nombre.

Pablo Soñis.

EN EL ZOOLOGICO!!!!

Me canse de vender juguetes
señora, no lo va a encontrar más barato en otra parte
la culpa la tiene la inflacion
y la humedad que mata
y es entonces

que decidi ir al zoologico
y entre, no por la puerta principal
sentado frente a la jaula de los condores
me puse a leer en voz alta un poema
y los condores escuchaban atentos,
es cierto que los animales tambien tienen su alma.

Y no pude evitar de pensar en el tamaño de la jaula
en la extension de las alas de los condores
en su capacidad de vuelo
¿es la poesia la expresion de un ideal de libertad
o es la conciencia de la imposibilidad de alcanzarla?

Frente a mi pasaban las madres con sus hijos
las tias con sus sobrinos
las abuelas con sus ñietos
y unos pocos solitarios

Fue ayer por la tarde,
una tarde de rayos y tormentas
y yo tambien,
en el zoologico
pensando en ella
y ella pensando en otro.

De pronto frente a mi
pasa una chica hablando portugues
y yo me pongo a hablar con ella
no hablamos el mismo idioma
no hablamos cosas importantes,
no halamos por momentos
eramos un hombre y una mujer
solos,
asi de simple.

De pronto se desata la lluvia
y juntos nos guarecemos bajo un arbol
y luego nos despedimos
sin un adios
con un hasta pronto
Y es entonces que decido escribir todo esto
y regreso a mi cuarto,
queda a dos calles
pensando que carajo voy a hacer esta tarde y esta noche
y la tarde y la noche siguiente
paso frente a un quiosko de diarios
miro la hora en mi reloj automatico
(no puedo evitarlo)
y sigo de largo.

Pablo Soñis.

Norma Perez

Nacida en la ciudad de Buenos Aires, actualmente, reside en Bariloche, Argentina, profesora de danzas y contadora publica, amante de la poesía.

Un día invitada a participar en la página La Alborada de Felita, decidió, exponer algunas poesías archivadas, y escritas en ratos libres.

Nombrada Administradora de la página, disfruta de los poemas escritos por poetas de distintos países.

Al igual que su esposo, Pablo Soñis, participante también de la pagina, ambos gustan de la poesía, la música clásica y moderna, el cine, viajar, y compartir la vida juntos.

Vivir frente al lago Nahuel Huapi y rodeada de montañas, es su gran felicidad, junto a su amorosa familia.

Quiero perderme en tu cuerpo

Quiero perderme en tu cuerpo
como agua clara en un bosque de sol
Mirar tus ojos inciertos
donde sembrara mil sueños de amor.
Quiero beber en tus labios
esa caricia de luna y de miel
y descubrir el encanto
de la pasión que se esconde en tu piel.

Quiero pintar con tus besos
un cielo de estrellas sembrado de luz
buscar abrigo en tu cuerpo
en la noche eterna de tu juventud.
Quiero saciar mi locura en la tibia playa de tu desnudez
para llenar de ternura la inocencia pura de hacerme mujer.

Escapas por mi Vientre
para nuevamente llenarme de paz que es tan inmenso tenerte
clavado en mi pecho como una verdad.
Quiero entregarte mis años
Mis ansias de amarte mi fuerza y mi fe.
Para llegar de tu mano al rincón sagrado que siempre soñé.

Norma Perez

Cesar Vallejo

Siempre el cigarro permanente en tu boca
y la vida.
expresion de tu palabra
Siempre tu pena triste y honda
y tu alegria
infantil despreocupada.

Como ensanchaste al mundo con tu canto
solo de ti aprendimos la palabra
y la muerte,
no tiene cabida en tu rostro,
solo la vida es heredera de tu canto.
Por tu sangre confluyeron dos razas
hermano peruano
hermano americano.

Norma Perez.

Recordando el ayer

Qué rico hueles, mi vida.
Qué perfumada, me dices, mi amor.
Éramos recién casados.
Fueron frases de rigor.
Después del baño tu olías
a Yardley o qué sé yo,
mientras yo me perfumaba
con frascos de Christian Dior.

Sin embargo no añoramos
lo que el viento se llevó.
Recordamos lo que fuimos,
y vivimos nuestro hoy.
En las mañanas, sin prisas,
siempre la misma canción:
Cómo dormiste, mi cielo?.
Cómo te sientes, mi vida?.

Y por las noches, acaso
recordando algo mejor,
repetimos lo de siempre,
lo mismo de ayer y hoy:
Que duermas muy bien, mi vida
Que duermas muy bien, mi amor
y juntos le damos gracias a Dios.

Norma Perez.

Soñemos

Dormir, con los ojos abiertos
es como soñar con las manos
soñemos sueños felices
como lagos buscando su cauce,
sueños de sol y de luna
soñemos en voz alta
tanto hasta que echemos raíces,
arboles, flores, aves, estrellas
que el sueño haga brotar
la fantasía de la realidad
más armoniosa y deseada.

Norma Perez.

Tarde de otoño

En esta tarde de otoño,
no tengo ganas de llantos
ni penas, pero tu amor me condena
a la permanente pena
que me mata lentamente
si un día tu me faltas.

No deseo a la tristeza
como compañera, pero si te ausentas
ella es mi consejera.
No quiero que el sufrimiento se apodere de mi vida
quédate siempre a mi lado y cúrame las heridas.

Acompáñame en este largo peregrinar
en que el destino nos unió un día
y se siempre mi sombra, mi sol,
mi alegría, mi fuerza
para enfrentar lo que el destino
quiera para esta pobre amante
que no puede librarse del
embrujo de tu amor siempre constante.

Norma Perez.

Carlos A. Badaracco

Poeta y ensayista argentino nacido en Capital Federal en 1949. Vive en Ciudad Evita desde que su familia se trasladó allí en 1957. Estudió profesorado y Licenciatura en Ciencias de la Educación, dedicándose desde entonces al ejercicio docente en niveles secundario y terciario. Con su primera publicación Desamparos en 2010, seguida de Con los ojos abiertos en 2011 y Desde la interioridad del Ser en 2011, logró plasmar una base filosófica y social a cada una de ellas incluyendo además notas ensayos (Subjetividades). Ojos sin ver en 2010. Trascen- dencias en 2011, Poemas del alma en 2011, contiene parte de su restante obra. Ha sido galardonado con importantes premios en distintos sitio culturales de la W

"TRASCENDENCIAS II" pretende transmitir, a través de relatos en prosa y versos, una perspectiva propia de la humanidad, tiene un tiente social y filosóficoque intenta plasmar una visión del mundo donde los valores del hombre sean elementos fundamentales para su transformación. Apunta fundamentalmente a una realidad que subyace en la esencia del ser humano y que este desconoce a la hora de su encuentro con la sociedad en la que vive. El hombre busca un contacto íntimo con la felicidad y a decir de Aristóteles este concepto está íntimamente relacionado con la evolución del hombre y en el pleno uso de la razón y la virtud, para lograr tal objetivo.

ENTRE PASADO Y PRESENTE

Entró en la casa, la vieja casona de San Isidro, ese lugar tan acogedor donde las cosas hablaban. Había cierto misterio, sus tiempos no eran los actuales y, sin embargo, se mostraban cotidianos. La singularidad de cada instante le daba frescura al ambiente. La historia se posaba en ella, estaba esperando un futuro insospechado con una carga emotiva impactante. Los rincones hablaban un lenguaje pasado y sin embargo había en cada frase un hoy renacido.

Era el piano, el primero, el mismo que comentaba los momentos. Ojos que se reflejaban vehementes, manos que se deslizaban desde el recuerdo, partituras que se esfumaban sin tiempos, viejos fantasmas que le brindaban sentido, una esencia perdurable que partía de la misma interioridad seducida.

El mantel de hilo estaba allí: había cubierto al piano desde el momento en que la abuela Ana intentó dar musicalidad al recinto. La vida comenzó a cobrar una nueva dimensión. La luz se refugiaba en los instantes de reflexión dándoles claridad a las imágenes emitidas.

En cada mirada había una historia. No era el piano tan sólo, ni el mantel, era la misma vida que había pasado y que le daba una indudable simbología a los hechos que subyugaban su pasión de ser.

Y seguía caminando lentamente en la sala y hasta una suave armonía comenzaba a renacer, a darle existencia a los cuadros, arañas, candelabros y ventanales. Todo indicaba la manifestación del piano, todo era historia, el hoy y el mañana que se desgajaban en evocaciones, presencias que se proyectaban vigentes. Leves espacios y senderos recorridos por la misma existencia que se había hecho dueña de sí.

El arte de vivir y de ser a partir de las cosas que le daban significado al devenir.

De repente, al volver la mirada, apareció la imagen de la abuela que cubría el espacio. Ana estaba allí impregnando cada rincón del lugar con su viejo mantillón bordado de encaje artesanal hecho a mano y con hilos de seda.

En el fondo de la sala sonaba el piano, lo hacía desde el recuerdo en el silencio del ambiente, como si fuera una música lejana, dulce y romántica, dispuesta para el alma.

La estancia, iluminada de sombras, de súbita muerte anunciada, de grises cortinas sucias y surgentes gotas de hastío.

Las manchas de humedad quedaban descubiertas como estiércol en campos de hierbas.

Una araña colgaba con luces de tibios herrajes sombríos; lienzos de sutil encaje sobre una mesa adormecida.

Recuerdos de amores sentidos que recorren las ventanas. Y el piano, una vez más aquel sueño que cubría de tonos oscuros la sala, con aquel romance cautivo por el tiempo pasado y un presente que guarda un amor en tinieblas.

Leños de chimeneas extintas, descascaradas paredes sin linajes y en el fondo aquel piano silente que emitía notas sin notas y armonías sin sonidos, sin tiempos.

Sólo un jarrón y flores mustias que adornaban sus recuerdos estaban allí, como alentando instantes, tertulias que adornaban el alma.

Cuadros de espectros, de caballos con crines negruzcas y un perro de yeso confinado entre oscuros rincones de espanto.

Y una sola mujer, ya anciana, llorando retratos perdidos, historias de amores pasados, amigos y hermanos ya muertos.

Triste, perdida en sus llantos, la anciana se hamaca en su silla entre las sombras de viejos recuerdos, con un ruido a clavijas oxidadas y las lágrimas por el suelo sin vida.

Alfombras oscuras, sin brillo, sostienen las pisadas de antaño y el ruido a silencio dormido que se extiende como sigiloso destino.

Él no pensaba en el pasado, todo era presente. El piano era el testigo, siempre estaba allí y nunca dejó de existir. Las cosas se identifican siempre donde desea aquel que construya su propia realidad, con su oportuno distintivo y el misterio que las rodee, dándole sentido a su entidad.

CARLOS A. BADARACCO

EL MEQUETREFE

En realidad me pareció demasiado, pero no reparé de inmediato en la actitud de aquel vecino irascible. Llegó a mi casa, agredió la puerta de entrada, miré por la ventana y parecía que el hombre me hubiera hecho una seña: "vení rápido, atendeme". Por supuesto yo me acerqué y sus gritos comenzaron a salir de su boca de una manera demencial.

- ¡Tu perro, esa porquería que tenés en el fondo, se metió por un agujero de la ligustrina en mi casa y destrozó la pierna de mi Bichon Frise, es un atrevido, una rata que salió de la calle, es una porquería!

Me quedé tan sorprendido que le pregunté si estaba hablando de mi perro o del suyo. Me confundí pues me recalcó que era una rata y que era una porquería. Creí que estaba hablando de ese proyecto de perro inconcluso, que se atrevió a asomarse a un agujero descubierto entre la ligustrina y el alambre que rodea esa parte del terreno. Por supuesto que mi perra, que es una señorita, cuida su lugar y es seguro que atacó por ese espacio al que sólo el perrito del vecino puede acceder por su tamaño insignificante.

- ¡Tenés que tratar de hacer algo con ese perro infeliz que tenés!. Por supuesto siempre con tono autoritario.

Mi señora y yo atendíamos a este señor en la puerta de entrada a mi domicilio. Nos quedamos estupefactos y no sabíamos como manejar la situación. No advertimos que estaba gritando en nuestra propia casa, con unas ínfulas que hasta sus dientes postizos se salían de lugar, casi se le caen. Las cejas se juntaban en el centro de su entrecejo, muy enojado estaba el hombre.

- Perdón le contesté, realmente no sé que decirte - con toda educación y hablándole despacito para no irritarlo más. Todavía no advertía yo, la insolencia del hombre y entonces atiné a contestarle. No sé cómo disculparme, reitero mis excusas, trataré de razonar con mi perrita, pues es tan inteligente que de seguro entenderá que no debe actuar de semejante manera -

- Me estás "cargando"-

- No entiendo por qué lo decís-

- porque estás afirmando que vas a conversar con tu perra inmunda-

Bueno, le repliqué que tampoco se podía razonar con él y era un ser humano, y nunca lo trataría de inmundo. Con lo cual se fue, no sin antes acomodarse el bigote que se le paraba en su lado derecho. Estaba tan loco que no podía hilar palabras.

Mi señora no controlaba la risa por mis respuestas. Casi siempre el irascible soy yo y es probable que si me hubiera tocado discutir en otro momento el pobre hombre se hubiera ido con un palo de beisbol atravesado en la cabeza o metido en otro sitio; digo, fui todo un señorito inglés al abordar la situación con esa actitud tan pasiva que sorprendió a mi señora. Yo soy un loco de la guerra en estas situaciones, pero me tomó desprevenido. Bueno, lo cierto es que el hombre se fue farfullando palabras inconexas que sólo expresaban la bronca ciega que tenía.

Marga, mi señora, me preguntó sorprendida cómo había conseguido dominarme y comencé a pensar seriamente si no fue una actitud de cobardía, me llamaba la atención tanta parsimonia en mi accionar.

A mis hijos les dio mucha bronca por proceder en forma tan pasiva. Es seguro que ellos querían guerra, pero creo que estuvo bien. Hoy mis modos son bastante pacíficos en cuestiones como esta. ¿Será la edad presumo?

Al rato la conversación siguió en el fondo; mi señora y yo fuimos a ver el agujerito que ocasionó el drama y allí apareció el vecino diciendo:

- Bueno si no hacés nada con el perro lo voy a envenenar —

Entonces le contesté:

- Bueno, después enveneno a tu perro y luego al otro y así hasta terminar con las dos familias, podemos seguir con todo el vecindario si es tu deseo.- Siempre había un tono de burla de mi parte que lo ponía neurótico.

Al entrar al comedor mi señora me convidó un mate, una yerba realmente exquisita y de repente:

- Chss, apunta mi esposa. Escuchá, todavía está protestando el vecino-.

¡Abrí la ventana para oír lo qué decía! Al hacerlo, una sarta de guarangadas seguía arengando el vecino, estaba sacado por completo.

- ¡Este tarado encima viene burlarse de mi diciendo que iba a razonar con su perra -

Su esposa agrega:

- No querido aclaró que si bien no podía hacerlo con la perra, tampoco lo podía lograr con vos.

- ¡Callate la boca vos!, ¡Le voy a cortar las bolas, pedazo de pelandrún!-

Yo agradecía que mi pobre perrita fuera una señorita. Bueno, creo que se refería a ella, aunque...

Aprovechando la ventana abierta lancé una carcajada bien fuerte como para que la oyera y enseguida exclamé:

- ¡Pobre gil, que se pegue bien la dentadura que le baila antes de enojarse, no vaya a ser que se le caiga y luego tenga incluso que comprarse una nueva! Por supuesto este comentario fue a grito vivo y con su correspondiente ¡Ja! ¡Ja! ¡Ja!

Sentí de repente un ventanazo y para colmo, se le rompieron los vidrios, se ve que mi mensaje había llegado con claridad.

Al tiempo me llama por teléfono y yo lo atendí con cortesía

- Síííííí, ¿con quién tengo el gusto de hablar? - sabía que era él pues tengo identificador de llamada.

Mi señora le había cortado las ramas del ficus que caían a mi terreno y no permitía que el pasto creciera en forma tupida y la poda fue muy desprolija, era seguro que me llamaría por el teléfono. Ya le había dicho yo con tiempo que quitara esas ramas de mi jardín, pero como no lo hizo, al diablo con el ficus quedó monstruoso.

- ¿Podemos charlar un momento en la vereda? -, agregó

- Sí con gusto y salí -

Me pidió disculpas de mil maneras posibles, en realidad me había convencido de su arrepentimiento pero al rato comenzó a protestar por el ficus ¿Te diste cuenta como hizo podar tu señora el árbol?, se ha arruinado completamente. De manera que advertí que las disculpas no eran sinceras. Entonces recalqué que no lo disculpaba y que prefería que no hubiera trato alguno de ahora en más entre las dos familias. Todo tipo de contacto a partir de ese momento sería a través de carta documento. Se retiró con una bronca que expresaba en gestos, cada vez que se producía un encuentro casual con nosotros.

Allí no terminó la situación, hubo otros acontecimientos, pero eso es para otra oportunidad

CARLOS A. BADARACCO

UN VELATORIO DE CUIDADO

Y estábamos allí los tres, mi hermana, mi señora y yo. Pensé acercarme un minuto nomás al féretro, donde mi tío descansaba en paz su muerte. Bueno, eso de descansaba está por verse. A los pies del ataúd estaba mi tía, la esposa del difunto y las urracas de sus sobrinas, cuando, de repente, escucho:

- Ah, no, de ninguna manera, la bóveda de la familia pasa a nuestro nombre. Creo que es lo lógico, al fin y al cabo (elevó la voz como para que yo escuchara) nosotras estuvimos a su lado hasta el último momento y es justo que así suceda. La casa de Mar del Plata, seguramente pasará a tu nombre, pues eres su esposa y es natural que se cumpla la voluntad de José --

Yo miré a mi tío, muy concentradamente y de esto nada. Ni siquiera gesticuló, ellas lo daban por hecho y el pobre muerto allí serio, impertérrito. Me dio un poco de indignación esta situación y entonces me retiré, me senté junto a mi hermana y mi esposa, por supuesto inmediatamente les conté lo sucedido.

- Estoy encrespado — comenté --, las tres urracas hablando de la repartija y el tío serio, impávido: Bueno, siempre ha sido medio pelandrún.

Fue entonces cuando comenzaron a reírse mi hermana y mi esposa, una tentación imposible de contener, particularmente cuando yo agregué:

- Tenía deseos de pincharles una teta a las atrevidas. Menuda explosión se hubiera desatado

La risa era un escándalo y entonces optamos por fingir un llanto desconsolado pero no podíamos dejar de reírnos.

Nos miraban todos, nos acercaron un café. Estos momentos son de extrema solemnidad, cuando lloran los deudos el respeto es máximo y la atención inmediata.

Mirando a nuestro alrededor encontramos de casualidad a doña Justa, una amante del pobre tío, que allí estaba retirada en un rincón de la sala mortuoria. Nadie había advertido su presencia. Para que no la reconocieran se había puesto un sombrero antiguo con un tul negro que le caía sobre el rostro, era característico de las viudas usar algo así, pero Justa lo llevaba para que no la molestasen. De todas maneras una de las gallaretas advirtió su presencia y raudamente fue corriendo a contárselo a la tía. La vaca Aurora, así la llamaban a la tía, sacando vaca por supuesto, aunque el apodo le caía bastante bien, porque parecía un tren de contramano que se nos venía encima, se dio vuelta y se dirigió inmediatamente hacia la señora intrusa. La batahola fue terrible, creo que ni el Perito Moreno, en su momento de máximo esplendor habría tronado de semejante manera. Le dio un trompazo tan fuerte que la cara se le corrió para un costado. Doña Justa salió corriendo y tras ella la tía, con un zapato en la mano, largando palabras a diestra y siniestra, puteando como la más impúdica de las mujeres de la calle.

Un velorio un poco inusual y de tremendo "pesar", para mi gusto. Nosotros tres estábamos muy sorprendidos. Al fin y al cabo, el tío, impávido, siempre revelaba el mismo rostro que durante el transcurso de su vida, creo que si hubiera estado vivo, observaría la situación de igual manera.

Siempre fue muy circunspecto José Carlos, hasta cuando de pequeños le hacíamos cosquillas.

Finalmente la tía fue consolada y calmada, todo el mundo la atendía con cortesía. La pobre estaba sufriendo mucho la terrible situación que atravesaba, además… "la guita llama a la guita".

Como siempre están los que cuentan cuentos, estos no faltan en ningún velatorio, eran los sobrinos que tomaban mate en la cocina del lugar, yo pasé por allí a buscar un café y de repente escuché el primero, lo dijo Ignacio, el más cachafaz, de mis primos:

"A un velatorio llega un borracho con una caja de herramientas, se acerca al cajón y ve a la viuda que le acomodaba la peluca a cada rato al difunto, se compadece, y le dice: Salga un momento y yo le arreglo el problema.

A los diez minutos llama a los parientes, se acercan, ven con asombro que no se lemvía para nada el peluquín, y se dirigen al hombre reconociendo su trabajo:

- !Muchas gracias! ¿Cuánto le debemos por este favor?

y él les contestó:

- no es nada señora, por cuatro clavos locos, ¿qué les voy a cobrar?"

Y luego se cuenta otro, esta vez le toca a Joaquín, este es bravo a la hora de contar cuentitos, yo ya me iba, pero me quedé para escuchar un poquito más:

"Resulta, dice Joaquín, que había fallecido un hombre y cuando estaban velándolo llegaron los sepultureros, y la esposa empezó a gritar:

- ¡No se lo lleven por favor, no se lo lleven!

- Señora tranquila, hemos venido para enterrar al muerto

- ¡ No por favor, no se lo lleven, no se lo lleven! -gritaba la mujer --

- Pero señora tranquila, ha llegado la hora de llevarnos al muerto

- !No se lo lleven, no se lo lleven!-- seguía gritando

Hasta que uno de los sepultureros ya cansado le dijo:

- Bueno señora, ¿por qué no deja que nos llevemos el muerto?

Y ella le responde:

- !Es que es la primera vez que duerme en la casa!"

Tentado de risa nuevamente, me puse a llorar con angustia otra vez.

Para colmo de males entra a escena la Porota que recién llegaba al velatorio, con su maravilloso tapado de visón, mostrando todas sus alhajas. Brillaba hasta su ropa interior seguramente pues no se iba a perder semejante acontecimiento, era el centro de todo evento familiar. Un perfume invadió el recinto, era tan fuerte que hacía llorar hasta el mismo muerto. Se acercó al cajón con una cara de virgen inmaculada, un pañuelo con el que se secaba las fallutas lágrimas que derramaba. Era tan vulgar la estúpida que realmente provocaba risa. En vida del pobre tío lo criticó hasta el cansancio, la pobreza la humillaba, simplemente el concepto le provocaba irritación en la piel. Aunque en verdad había muy poca escasez en el lugar de reunión, todos tenían "guita" para tirar para arriba, nosotros también pero la debíamos toda, de manera que la teníamos bien guardada, en los bolsillos de otros.

Llegó el momento, el cadáver iba a ser retirado, se lo llevaban al tío, nosotros dejamos el lugar, la tristeza de la tía era tan grande que nos impresionaba mucho la situación de manera que la saludamos y nos fuimos a nuestra casa.

La llave de la bóveda la tenía mi esposa, tuvieron que esperar dos horas en el cementerio para ubicar el féretro del pobre tío José Carlos, menuda puteada se lanzó la vieja cuando llegó mi mujer. Como se puede advertir la cultura sobresale notablemente en nuestro ámbito familiar.

CARLOS A. BADARACCO

DOÑA ROSITA, EL PAPAGAYO

Realmente mi vecino Rubén disfruta mucho cuando atiende la conversación de las mujeres del barrio, en particular cuando salen tempranito a comprar al mercado de la esquina. Es un placer, dice, verlas reunidas, por ejemplo, en la verdulería mientras hacen la cola para comprar.

Se paran, viera usted, con un brazo doblado a la altura del abdomen, donde llevan la bolsa de compras. Con el otro brazo se toman el mentón, el pie golpeando despacito con su punta en forma continua sobre el piso. En ese momento es cuando se inicia la charla. Lo más hermoso es escuchar a este tipo tan especial de señoras, pues hablan ligerito, alargando el final de cada frase y dándole fuerza al sonido de su voz en ese preciso momento. Tienen esa alegría de meterse en todo creyendo que de sus palabras depende la verdad.

Claro, el vecino en cuestión, siempre está dispuesto a escuchar los comentarios de todas las mujeres que van y vienen por el frente de su casa.

Rubén presta mucha atención a esos comentarios y se le ve el rostro complaciente luego de ponerse al tanto de los chismes del barrio. Supongo que este joven cree estar exento de las murmuraciones acerca de él mismo, pero no es así. Justamente las chusmas del barrio critican todo lo que hace el vecino en la casa. Incluso la hora en que llega a la noche y con quién suele salir a pasar "una noche encantadora", así lo divulgan. Dicen por allí que siempre se aparece con hombres diferentes. Bueno, eso no sería muy extraño, dado que el muchacho cursa la carrera de medicina y siempre se junta con algunos compañeros para estudiar. Pero la gente no entiende esta situación que es común para los que preparan materias de la facultad, cualquiera sea la carrera que elijan seguir. Por lo general las vecinas proyectan en los demás sus propios deseos frustrados.

Vez pasada, estando Rubén en el jardín arreglando un poco los canteros se le apareció, muy alterada, la vecina de al lado, una señora muy atinada y piadosa, por lo menos es lo que aparenta. Se paró en la puerta que da al parque de su casa y cuenta su drama. Cuando regresa a su domicilio o bien al dirigirse al mercado, para hacer las compras, suele pararse en cada puerta a charlar amenamente con las demás vecinas, que tampoco se quedan atrás en sus conversaciones:

- Ay qué "versera" es doña Rosita!, la de la esquina, la puerca. La apodan "El Papagayo", seguro que usted la conoce. Es una señora muy embustera y petulante, pero sin razón, y gusta de serlo, pues así se muestra superior ante los demás; encima "tiene un corso de contramano". Es la doña muy descarada y debido a las ofensas que lanza realmente mantiene encendido el fuego entre las vecinas.

A mi entender quiso decir, que provocaba la ira de las inocentes víctimas, aclara el vecino Rubén:

¡¿No la conoce?! Con un cantito agrio y de tono fuerte, muy especial característico de las doñas del barrio.

Ella toma para el "churrete" a cualquiera y siempre quiere "tener la chancha y los veinte" Es tan repulsiva que muestra vulgaridad, es vieja y sin dientes, cabello blanco en canas, nariz aguileña que tiene un lunar con pelos que cuelga de la punta. Parece un papagayo, aún en su "parla", pues habla sin parar, con una voz chillona y con comentarios sin sentido, pues la pobre, no puede hilar ideas. Siempre se dirige a los demás chirriando, preguntando a más no poder sobre la vida de los otros, "no se salva ni Montoto". Es realmente una bruja, pues encima usa un gorro de lana manchada color marrón diarrea. Se la ve siempre muy prejuiciosa, criticando a los vecinos, se parece a un conventillo, pero con todas las chusmas juntas. Lo más asqueroso que tiene la sucia es un fuerte olor a "pis", la gente que la quiere dice que es un zorrino apestoso, no me imagino que dirá el que la odia, como la mayoría de los vecinos. Sin embargo, es una suerte que esta mujer viva, porque mantiene alerta a todos, eso es bueno, pues te hace sentir viva la rasposa.

Bueno, me dije, sirva para que las mujeres no caigan en semejante atropello a la belleza.

Y así van por la vida, estas señoras, destruyendo gente con sus lenguas bífidas. Ni se te ocurra meter bocado cuando se juntan, pues Rosita, "quedaría a la altura de un poroto" frente a ellas.

Y se fue la vecina, sin dejarme decir una palabra, bueno yo tampoco tenía deseos de opinar, a riesgo de ser difundido por todo el barrio, como defensor o detractor de la tal Rosita.

CARLOS A. BADARACCO

LA DOÑA

Allí estaba esa mujer, cómodamente sentada en uno de los sillones del palier; las puertas de entrada al edificio eran de madera con un vidrio a través del cual se podía ver la gran avenida Santa Fe. Un hermoso espejo tomaba toda la pared izquierda. También se veían bellas láminas pegadas en papel paspartú y protegidas por vidrios con marcos simples pero vistosos. Adornaban el sitio jarrones blancos y flores artificiales también blancas, que sorprendían por su belleza. Un edificio de departamentos muy "paquete"

Yo estaba allí, por eso pude observar el comportamiento de Guisante, un perro minúsculo y pulgoso que rascaba sus partes con sus dientes haciendo un ruido repugnante. Era un perrito sucio, tan horrible y peludo como su dueña. A ella la llamaban "LA DOÑA". Estaba sentada en el hall de entrada esperando a su vecina Herminia, con la que salían juntas todas las mañanas para ir de compras al super.

El portero me decía en voz baja,

- ¡Ay la doña del barrio!

Ella no oye, porque además es un poco sorda del oído derecho.

- Es tan chismosa, que las niñas en edad de matrimonio ocultan sus actos para no caer en sus comentarios. Doña Rosita le llaman. Todas las mañanas en el mercado ventila las historias más sorprendentes, relatos de los demás: ¡Que se casa embarazada!, ¡que es soltera y está de cinco meses!, ¡que perdió su castidad!, ¡que ya no es pura! Todo el mundo se enteraba a diario, lo diario de los demás. Yo mismo la escucho cuando voy a hacer las compras.

Lo cierto es que yo estaba allí, con ese perro tan molesto. Iba con Guisante a todos lados, el perro es un atrevido, huele a todos, siempre pone su hocico donde no debe y ella ni siquiera dice nada, eso sí, chismea que es un lujo. ¡Qué el marido la engaña!, ¡que ella no es tan santa!, ¡que su hijo es maricón! Se imagina todo lo que la gente hace en su misma soledad. ¿Qué inventa?, eso nunca se puedo saber. Sin embargo lo que menos hace es hablar de sí, de su propia intimidad.

- Dicen, que dicen, que no es tan santa -murmuró el portero.

Él afirmaba que nunca está sola mientras el marido trabaja, hay hombres que la visitan, ¡qué estómago! Que su hija, "la niña", era muy pícara y la vieja lo intuía, de eso nunca dijo nada, porque su niña era una santa, "santa de guardar".

El perrito seguía lamiéndose sus partes al tiempo que yo charlaba con el conserje. Lo menciono a cada rato porque era verdaderamente asqueroso y no podía ignorar su presencia, su apariencia me repugnaba. En este relato el animal es algo circunstancial, nada más. De repente orinó en la base del jarrón de la izquierda y don Justo, el cuidador, le recriminó a su dueña. Ella, inmutable, se rascaba "a dos manos el cuero cabelludo", una persona realmente indeseable, se la notaba muy desprolija en su aspecto.

Mientras yo también esperaba a mi esposa, conversábamos con el encargado, que estaba sentado en una silla frente a un pequeño escritorio donde tenía un espejito con un pie regulable que lo sostenía. Era ideal como elemento retrovisor, creo que lo tenía allí para observar quién bajaba del ascensor. Me decía justamente que siempre se sostuvo que ella proyectaba sus propios deseos frustrados en la vida de los demás.

- ¡Ay que doña la doña!-decía don Justo, resentida social, odiaba el amor porque siempre era impuro, era sucio fuera de la unión ante Dios.

Yo me reí cuando en voz baja me contaba que tenía callos en las rodillas porque en misa de dieciocho horas estaba, todos los días, hincada en el templo, dispuesta a rezar el rosario, junto a las "dueñas" de la capilla, muy chusmas también. El hombre afirmaba que eran todas muy hipócritas

- A la hora de orar,-decía, comienza a comadrear con las que se sientan a su lado. Y comenta que las demás ¡son impuras!, ¡que nunca piensan en Dios!, ¡que siempre coquetean al cura!, ¡que critican a los demás! A mi me lo contó ella misma, pero por favor no diga nada.

Realmente yo lo miraba con respeto a este señor pero lo cierto es que...sabía todo de todos

- ¡Ay la doña del barrio, -se animó a decir, "Cuánto sabía del otro

¡Qué doña la doña que suele chimentar!

Y disimulé la risa.

CARLOS A. BADARACCO

Segundo Emilio Campos Morales
(Cajamarca - Perú 1980)

Enfermero, Poeta y Economista. A publicado: "Amor y pasión" (2002), "Versos para Amar y Olvidar" (2003), "Poemas para Recordar" (2004), "Desgarrando el Alma" (2005) y "Ritos y Canciones para amores inciertos" (2009), por el que fue galardonado con el **PIN DE ORO** por la Universidad Nacional de Cajamarca, gran parte de su poesía está inédita. Ha participado en el V FESTIVAL INTERNACIONAL DE POESIA "El Patio Azul" (2005), en el I FESTIVAL INTERNACIONAL DE POESIA "Arnulfo Vásquez Vásquez" (2008) en el II FESTIVAL INTERNACIONAL DE POESIA "José Guillermo Vargas Rodríguez" (2009), en el "III FESTIVAL INTERNACIONAL DE POETAS - WARI" (2010). Ha sido antalogado en: "Ontolírica del Viento" (2011), "Arquitectos del Alba" (2009) por CADELPO. Edit. Maribelina, "Literatura de Cajamarca" Nº 04, (2009) por Ediciones Cuervo Blanco, "De Chala al Corellama" (2008), "Las Voces Bajaron al Valle" (2008), "Cajamarca, Caminos de Poesía" (2006), y en otras antologías nacionales e internacionales. Fue becado por la **"PONTIFICIA UNIVERSIDAD CATÓLICA DEL PERU"** (2008) en honor al mérito, para complementar sus estudios académicos. Ha dirigido la Revista **"EL ECONOMISTA"** (2009-2010) de la Universidad Nacional de Cajamarca. Actualmente, es Columnista en el Diario "Panorama Cajamarquino" – Ráfaga Económica y Director de la Revista **"Visión ECONÓMICA"**.

RÉQUIEM DEL OLVIDO

Te desprendes lentamente,
cual lágrima resistiéndose a salir.
Caes desde lagos de mi vida,
y transitas por otros ríos
mezclando mis aguas
que tu amor me arrebató.
No tuve tiempo
para firmar la despedida.
Caíste tan rápido
del tropel de mis venas,
que no logré sentirte
cuando te lanzabas
de los ángulos obtusos
de mis amantes poros.

No somos los mismos.
Desde este instante, sacudo mi alma
para ver si aún quedan tus polvos.

Definitivamente
logré olvidarte.***

Segundo Emilio Campos Morales

PINTANDO MIS PENAS

Anoche pintaba mis penas
con el lápiz negro de tu adiós.
Pronto la nave del tiempo
te arrancará definitivamente
de mis pensamientos.
No quedará huella
del amor secreto;
se romperán las alas blancas
que nuestras almas unieron,
y emprenderán vuelos diferentes.
En el ataúd de mi mente,
no quedará ni un rasguño
de tu amor ausente.

Cerrarán las cicatrices
con el bálsamo del tiempo,
y mis penas te hablarán
de los puñales ocultos,
que clavaste en mi pecho.***

Segundo Emilio Campos Morales

TUS RECUERDOS NO VIAJAN

Mi aire embriagado
por tu aroma
aún lacera las ventanas.
Pensamientos…

Siento perfumes
dormitando en mis sueños
que respiran tu ausencia.
Todavía violas mis ideas
cansadas de evocarte.
Ya es hora, regresa,
no esperes que se inquieten las penas
o se invente
la hija del olvido.

Segundo Emilio Campos Morales

ENTRE EL AMOR Y EL ODIO

Por tu amor
los naufragios se hospedaron
en el corazón incinerado
de nostalgia.

Por tu amor
las migajas
que sepultan sueños,
sepultaron de noche.

Lloré sin trovas
y descargué el alma,
por amor…

Quemé fotografías
para calmar odios en mi entraña.
Nuevamente la vida me saluda.
Bebí en la copa de tu indiferencia
sentí los vacíos.
Gracias por devolver la vida.

Ya no te amo….Ya no te odio.
Estamos en paz.

Segundo Emilio Campos Morales

Logré Olvidarte

Después de tu partida…
Olvidarte fue mi destino.
Hoy
ni la muerte del recuerdo
aparece al alba,
ni el sol de tus tristezas
quema mis pupilas.

Me contaron que volviste,
regresé al parque del secreto
hallé mi alma acongojada.

Roto de angustia
bañado en llanto
pronuncié tu nombre,
llegaste con tu ausencia
y hasta ahora,
te sigo buscando.

Segundo Emilio Campos Morales

Cuánto te he querido

¿Quieres saber cuánto te he querido?
pregúntale a las lágrimas del viento
si enjuagó mis mejillas
con los suspiros.

¿Quieres saber cuánto te he querido?
navega tristezas sin una barcarola,
o escala el Huascarán sin miedo de un alud,
así sabrás si te he querido
en minuteros de viejos relojes.

¿Quieres saber cuánto te he querido?
pregúntale a la luna cuántas noches
amaneciste en mi cama hurtándome los sueños
y danzando en el paisaje azul de mi futuro.

¿Quieres saber cuánto te he querido?
bucea por el océano de mis penas,
y busca en arrecifes algunas perlas mías
con tu nombre, con tu nombre, con tu nombre…

Espero que salgas con vida
y sin suturas. ***

Segundo Emilio Campos Morales

Christopher Yexhua Chaco

Nació en el norte de España, emigrando en su juventud argentina con doble nacionalidad, conoció al ser humano y su humanización, convertido al evangelic salio de argentina, para volver a España.

estudio en la universidad de salamanca, y en la universidad de Tucumán, Es embajador de Cristo, no de seres humanos, cumple con las normas honestas, y no vivifica el ego, creador de versos y metáforas, paladín de la Antología. Trabajando el Neoclásico y el Neobarroco.

"LA LUNA Y LA ROSA"..

""Quién es más bella la luna o la rosa
Qué más da las dos son muy hermosas""
Pobres doncellas melosas
Él arrebatador calor las disloca.
En oscuridad dos almas bellas
...Deslumbran al amante con belleza...

¿Yo deseo mi grandioso sol
Y sentir su ardiente calor?
Ser su dulce luna, Mujer llena dé pasión. ? LA LUNA)
¿Yo añoro los rayos del alba
Dentro dé su amanecer,
Y sentirme llena dé su fuego
En su dulce pasión ser rosa, Mujer dé amor? LA ROSA)

...Le dijo la luna a la rosa...

OH tú rosa, tan esbelta y olorosa,
Estrella dé un jardín cuidado,
La dé pétalo dé fuego, sinuosa,

Té crees tú la mas hermosa,
La mas sublime entre las flores,
La qué resplandece entre el verde,
...La única preferida por las mujeres...

OH tú, tan altiva y prominente,
La dé la dulce fragancia, la perfecta,
La dé pétalos dé seda y terciopelo,
La qué extiende sus alas mirando al cielo.

Acuérdate qué no todo en ti es dulce
Porqué tú cuerpo está quebrado,
Y rodeadito dé espinas
Eres capaz de hacer daño,
Porqué no piensas un momento
"Qué hay otras flores en esté jardín cuidado"

¿...La rosa miró a la luna y le dijo...?
OH poblé tú, luna brillante,
Poblé dé ti luna dé plata,
Tú también tienes quebranto
Y la dicha té arrebata,
Porqué tú amas en silenció
Con un amor qué es un lamento,
Al sobrio y bello sol
Y eso a ti te arrebata.
Cuándo tú sales el se esconde
Y ya hace tiempo qué lo extrañas,
Pues ya no sientes su calor
...Té sientes muy desdichada...

Y lloras lagrimas blancas
Qué siempre alumbran la noche,
Y al día siempre le mandas
Mil palabras dé reproche.

Tú piensas qué yo soy mala, porqué soy bella,
Me tienes como rival, como doncella,
Sí siempre te voy a admirar, OH luna sabia,
...Con una gran devoción, como una estrella...

Sí buscas al bello sol, ten mucha calma,
Seguro qué lo veras, ¿quizás té ama?,
Al viento preguntarás, ¿quizás té llama?,
...Pero tú ilumíname, siempre hasta él alba...

¡Christopher YEXHUA¡¡

EL DESENGAÑADO

La noche se hizo perenne,
la luna pintó una sonrisa,
los campos vestidos de verde
sentían alientos de brisa.
Sentado a la vera de un rió
los grillos me hacían compañía,
y yo, corazón dolorido,
Sangrante en mí ser maldecía.

Mi piel en un tiempo morena
ahora perece abrasada,
y pienso que fue una condena,
saciar esa hambre atrasada,
Un hambre de amor y caricias,
que yo en todo tiempo buscaba,
maldita seas tú, que entre pifias
Me hiciste creer que me amabas.

Y fui soñador en tu noche
aquel que en susurros cantaba,
ahora te lanzo reproches
y muerta mi voz y quebrada.

Se fue mi guitarra de duelo
el día que viniste a mi casa,
pues ella bebió el desconsuelo
Del tuyo veneno que arrasa.

Y yo que bordaba con oro
tú nombre en papeles de estraza,
ahora lo mucho que añoro
Sentir que el silencio me abraza.

Sentado a la orilla de un rió
recuerdo tus dulces miradas,
que ahora me dan escalofríos,
Llegaron a mis envenenadas.

Me duele el amor que he perdió,
que yo malgaste en tu enramada,
pues se que perdí mi gentío
por alguien que no vale nada.
Pues si, me lo tengo mereció,
la falsa pasión me engañaba,
yo fui como un loco sin brío
Que apostó a la mujer equivocada.

Y sentado a la orilla de un rió,
Con mi vista fijada en el agua,
ahora sueño que llegué el estío
el invierno se fue de mi fragua.

Que te pierdas en mundos vacíos,
donde huyen la aurora y el alba,
donde todo es oscuro y temido
pues así lo merece tu alma.

¡¡Christopher YEXHUA¡¡

LA BELLEZA DEL AMOR

"El sigilo tacto impalpable del amor incendia
Por capricho la materia inerte,
"Así revela el lujo casual del fuego"

Existe el sosiego y al fin se manifiesta como la sutileza de la brisa
Que imparte el existente sentimiento,
El ágil fresco del alma aprovecha la ardiente lava del corazón
Donde aletean mariposas llameantes,
Mi libertino amor se suma al frenético deseo de tu savia,

Amada, tu destreza musical duerme en la armonía vertical.
Junto a los matices dorados del amor.
La humildad empapan tu mojada fantasía,
Hoy me encamino rumbo al limbo del amor
Para servir tus melodías, a fin de galardonar tu poesía,
Bóveda fugaz y carne que cubres la cúspide
En los recónditos carbones amorosos.

La garza de mi boca habita en los torrentes de tu cielo,
La cólera de mis versos reposan el tus sedosos pétalos de amor,
Cifra la antorcha inextinguible la fiebre.
Que anidan los versos de mi boca.
Manifestando el arte que relata tú desgarrado secreto,

Amar desnudando la vida, en el sabio óleo
Qué refugia las elecciones amadas,
La belleza del amor viste la gala
Qué rinde homenaje en su alhajado destino,
Mi lengua perdida revela las orillas de tus labios.

Y jura en la cresta de tu carne el infinito amor,
Me he bañado en el papiro de tus secretos.
Abriendo la gruta que parte en dos tu cuerpo,
Me he sumido en las orillas de tus labios.
Con mi ácido deseo he humedecido tu rosa virginal,
Soy el timón de la felicidad dando reposo a la vida.

Yo bebo los desnudos aromas en los radiante pechos
Que enaltecen los versos,
Soy la fuente de tus sueños
Y tengo por ti embrujado mi deseo,
Mi beso es puñal de fuego insertándose en la amapola de tus inciensos,

Este es la ardiente garra del amor en su ferviente clemencia
En cuyos favores abre las sedas divinas del oro,
Amada, paseo con las pasiones del alma
Anhelando el crimen que me ampara
Pues tu eres la certeza de las fantasías existentes,

Amor, mendigo el fino aroma que pace en tu jardín vivo,
Tu amor añade un acorde musical, impulsando tu salvaje flor
A mi locura arrebatadora,
Hoy ondea invicto la belleza del amor en sus horizontes
Llenos de poesías y versos"""

¡Christopher YEXHUAii

EL BESO

Escondido en tus deseos vuela mi alma
Y se estremece en la ruta que sustenta tus fuegos,
Amor, nunca se apagara ese cálido deseo de vivir,
Tus radiantes versos abrieron el limbo del corazón,
Soy la tensa respiración vibrante atacando con dulzura.
Los lamentos de tus quejidos, voy compartiendo tus bellos gemidos.

El sable de mi boca recorre sin prisas tu velo amado,
La lluvia de tu alma invoca un destino en el universo
Como un paraíso sin duelo, donde fatiga mis deseos,
Tus labios reflejan las ondas que trazan su agonía.
En el incienso de tus versos, transformándose en perfumes,
Mi esclava boca se pierde en las orillas de tu alma.

Este flamenco gemido acorde a su tradicional cante
Amenaza bulerias sangrientas,
Corona el arte musical la necesidad del preludio
En el jugoso deseo guerrea con fugaz broche de oro,
Se abren las cortinas de la felicidad seduciendo los versos de plata.
En la sensibilidad sabe lograr el amor hermoso,
Besare las crónicas de tu destino.
Porque mi ola es flecha certera.
Volando con feroz furia bajo las fuentes que agonizan.

Hoy peregrinan tus perfumes en la sed que baña.
Mi garganta los frutos llantos de tus gemidos,
Mi beso va rompiendo la llama del alma,
Yo camino en los bordes de tu universo.
Abriendo el lienzo que teje los sabores de tu vida.

Amada, este sentimiento de amor venció la amargura de la vida
Porque existe el placer en el amor que serena la vida,
Y es la salvación del sufrimiento y el perdón en la oración
Que entrelazan los cuerpos su verdadero deseo,
El amor agita el corazón que anhela los senderos del beso.

Solamente amor, un beso con ternura en las
Orillas del amor, apagaran la sed de mis devociones

¡Christopher YEXHUA¡¡

EXISTEN LOS SUEÑOS

Bajo el velo de los sueños florece la extensión
Deshilando el hallazgo de la noche.
El hambre insatisfecha permanece
Como un vigía en los atrios del deseo,
El juego amoroso refresca los párpados
En el alma del verso asfixiando los deseos.
En la oscuridad de los sueños,

Alma de luz y diamante en el sublime espejo de la felicidad
Tu bandera elevan tus alas en el poema de tus experiencias,
Revolcándose sobre los versos que esconden los sueño,

He aquí mi hambrienta garganta perdura
Quebrándose en los signos de tu corona,

Tus labios se abren trazando ondas en tu viciosa agonía,
Son los puñales de mis fuegos
Que atrapan el amor de tu vida,
De tu savia lo mas selecto
Es mi necesidad junto al sonar.

Dame tu cosecha que arde en los labios de tu alma
Y el limpio milagro en la sed de tu vida.
Que colma la existencia de vivir,
En la ofrenda de tu reflexión disfruto la música selecta,
En el mar de tus fuentes donde sueñan las batallas
La grandiosa aventura del amor.
Se abre el halo de plata
En el cariñoso jardín que dan perfumes y esmeraldas,
En tu frágil rosa pálida.

Cabalgo en la veta de tus suspiros sin retorno ni fin,
Mis besos enhebran en el eco de tu respiración
Bajo los rizos que guarnecen en tus rojas mejillas,
amada, mi boca es crepúsculo de tu dedicación,
Amor, el tacto de tu piel me acerca
A esa música que susurra en gritos
Y ansia abrazar tu calor,

Tus labios se trasforman en perfumes de alma
Enredando mi boca a las orillas de los deseos,
Soy flecha en furia desvelando los limites de tus tiernos labios,
Mis besos son suspiros elegantes
Que acarician los velos del amor,
Hay mi delito teje el vuelo que añoran tus versos,
Con ondas indomables llora hoy el bacón de tu felicidad,

Mi amor, las lagrimas del pensamiento
Son música que nacen en alas de mariposa,
Nos consumimos en cuerpo y alma para derramar la vida,
Bajo el refugio de tu firmamento
La inmensidad grava los suspiros del amor.

¡Christopher YEXHUA¡¡

Fernando Gabriel Navetta

Nacido el 22/11/1980 en San Fernando, Buenos Aires. Argentina. Desde sus comienzos, en el año 1997, se mantuvo en busca de la música y sin embargo desemboco en el mundo de la poesía. Hoy sus poemas sostienen una oculta coherencia musical y muchos de ellos fueron inspirados bajo el mismo concepto de melodías, esas que llenan el alma…

Autor del libro: "Rescate de un mar vacio" - 2001

DECID POR MI

Decid por mi ante quien quiera saber
o por si acaso yo no llegara a volver;
que frente a una mañana gris,
en la que el frio te congela,
aun esta bien alta mi bandera.

Por eso no he de rendirme fácilmente
porque llevo tatuado mi traje labrador
y me reconforta saber que he dado lo mejor
y que en el porvenir, mi anzuelo es el presente.

Mas, que me queda recordar
en una idea absurda,
que a veces la felicidad
no está donde casi siempre se la encuentra
sino donde casi nunca se la busca.

Fernando Navetta

Como una herida

De involucrarte en el resumen
de los rincones de mi vida,
he de recordarte como a una herida
y no por tu perfume.

De conocer lo que causo tu despedida
mas salir derrotado e inerte,
marchitose la flor por no tenerte,
juro mi corazón que a ti no volvería.

Pero no te extraño ni te evoco
ya no te juzgo ni te condeno
y no te busco en arrabales.
A veces los amores que duran poco
duelen más que los duraderos
y en estos tiempos son normales.

Fernando Navetta.

QUIERO DECIR Y NO OLVIDAR

No me quiero de esto olvidar
De una vez, me decido a crecer.
Me rehuso totalmente a envejecer
y escribo en mi frente: no molestar!
Me propongo volver a intentar.
No creo lo que no puedo entender.
Me recuerdo que debo aprender
y salgo a la orilla a respirar.

Inclinome de lado cuando debo pensar.
No quiero que me quieran si no me quieren querer.
Se que avanzar requiere retroceder
y que ir al reves es una forma de andar.
Admito que morir proviene de nacer.
Presiento que llorar es parte de reir.
La verdad es el espejo oscuro de mentir
y torcer el brazo no siempre es perder.

Juraria que muchas veces me deje ganar.
Supongo que aun me espera el porvenir.
Si me voy es porque ya no me quiero quedar
pero tengo muchas mas cosas que quiero decir
y aunque las habria de cantar
ya no las voy a escribir
porque solo las pretendo vivir
y asi no poderme olvidar.

Fernando Navetta

SIMPLEMENTE

Te amo simplemente
y en las mañanas amo besarte.
Te amo como eres
porque es lo mejor que pudo pásarme.
Te amo mas alla de mi locura
y de que no sepa lo que digo
te amare mas con dulzura
aunque amarte sea mi castigo.

Te amo porque eres todo lo que busco
y porque eres lo que necesito.
No habria de alcanzarme la vida
para decirte que eres la vida por la que vivo.
Te amo porque aunque vivo errante
siempre sigues el camino conmigo
y te amo porque si he de perder el norte
prefiero no encontrarlo y quedarme contigo.

FERNANDO NAVETTA

SOLO IMAGINO IR VIAJANDO

Ojala me lleve el campo y el mar
porque quiero probar
como huele la vida en otros aires.
siempre fui perro de pueblo
y cualquier lugar lejano es bueno
cuando por fin, se abandona la ciudad.

Ojala me lleve el campo y el mar
y poder irme sobre una cancion
o en el soplido del viento
porque encuentro el equilibrio
entre lo que ven mis ojos
y la paz que voy sintiendo.

Ojala me lleve el campo y el mar.
extraño tener en mi frente
la siesta y el verde del campo,
la tranquilidad y el sol tan cercanos,
gurdandome para siempre
la brisa y el paisaje del mar.

Ojala me lleve el campo y el mar
porque siempre fui perro de pueblo
y no hay mejor encanto
mas este que siento.
yo solo imagino ir viajando,
abandonando la ciudad.

Fernando Navetta

Marisol Baier Seewald

Fecha y lugar de Nacimiento:

General Lamadrid, Provincia de Buenos Aires, Argentina,8 de diciembre de 1970

Lugar de residencia actual:

Tandil, Provincia de Buenos Aires, Argentina

Estudios: *Licenciatura en Comunicación Social (Universidad de Buenos Aires)

*Profesorado Superior de Danzas Clásicas y Españolas (Escuela de Danzas "Alicia G. Muntz)

Actividad actual:

*Escritora y poetiza

*Personal Trainer especializada en "Biodanza" y rehabilitación motriz y estabilidad corporal.

Acerca de mí:

Estimados amigos lectores, soy una mujer sencilla, madre de dos niños, a los cuales intento día día y paso a paso, educarlos en valores esenciales como solidaridad, fraternidad, humildad, esfuerzo personal y respeto hacia todo ser humano, sin distinción de razas, nacionalidad, creencias religiosas, o nivel de "status" socioeconómico y/o cultural... Dichos valores hoy me constituyen cómo la persona que soy, y en coherente actitud, creo que no son unicamente"mi patrimonio personal", sino, y por el contrario, pertenecen a la HUMANIDAD ENTERA, ¡y mi mayor anhelo es poder transmitirlos, no solo a mis hijos sino a TODOS QUIENES HABITAN ESTE PLANETA!

Un don de Dios, que me ha sido concedido y por el cual lo alabo y le agradezco día a día a Jesús es el de ser "canal", mensajera de sus infinitas gracias, en mi caso, a través de la Poesía y numerosos textos en prosa que fluyen, natural y espontáneamente, de mi osada (¡para bien!) pluma incansable...

Así lo siento y en ello me esmero, ¡siempre encomendada a "La Suprema Voluntad de Dios"!

En y por el bien COMÚN Y MUNDIAL, como antes mencioné, ya sea a través de mis poemas, mis cuentos, novelas o artículos periodísticos, ¡como también, por medio de la ayuda que humilde pero sensible, atenta y pacientemente trato de proporcionar a muchos ancianos discapacitados motrizmente, por medio de mis conocimientos y técnicas especializadas, (las cuales obtuve en mis más de 11 años de estudio Superiores de Danzas varias, (Clásicas, españolas, contemporáneas, tango, folklóricas, entre otras).

Con mucha felicidad, les muestro algunos de mis trabajos literarios, que, con gran anhelo ansío puedan llegar vuestras almas y corazones!

P.D: No puedo dejar de mencionar mi ENORME AGRADECIMIENTO a quien hoy me permite participar en esta loable y luminosa Antología poética, FELITA MILA IBORRA, UN SER DULCE, BENDECIDO Y PLENO DE GENEROSIDAD FRATERNAL!, QUIEN HOY ME

BRINDA LA VALIOSÍSIMA OPORTUNIDAD de que ustedes hoy me conozcan, lean y compartan opiniones acerca de mis escritos!

Con mi mayor afecto y amorosa cordialidad fraternalidad.

Marisol Baier Seewald

INSOLENCIA

Tendrás mi silencio
aliado cruel
abismo de mi canto fugaz, eterno…

Tendrás también
mi grito
¡mi grito!
fugaz
eternamente ensordecedor
compasivo… ¿cruel?

No ahorro sentires
no doy ni recibo
dádivas engañosas

¿Para y por qué debería?

No sufras
tu hipócrita sentir,
no agobies tu suave latido

Acaso
¿heden tus mentiras
cuan muerte incierta?

No
no te absuelvo, ni te castigo
¿quién crees que soy yo para hacerlo?

Belleza
milagro perfecto fuera
que ¡así también tu lo hicieras!

Mis sueños no tienen precio
quién pudiese lograr
¡que tampoco los tuyos lo tuviesen!

Abrazaré hoy y ahora yo
tu hiel
tu miel
Ven…
Calla y ven…

Marisol Cristina Baier Seewald.

ABRO

Mil canales
cantan su melodía
llantos
quimera de quimeras

Abro mi espanto
mi dorada fe
tiempo remoto y cualquiera
sin saber ¡ni quien soy!…

Sostengo
firmeza en pie
claro que lo haré
¡con tu permiso o sin él!

Hallaré mi propio sentido
sin sentido alguno
Exilio propicio para muchos
condena propia…

No creas demasiado tarde
tampoco temprano
mi canal es "puerta de puertas"
¡y vos sos una de ellas!

Sostendré tu pregar
milagro de amor
sol mayor escribe tu pentagrama
hallemos juntos nuestro diadema supremo…

Abro mi sonido presente, futuro o añejo
¡por tu alma flagelada en condiciones
y deberes desobedecidos!

Hoy para vos
es mi dulce canción de amor
Solo, ¡escucha!…

Marisol Cristina Baier Seewald.

Dime

Dime corazón:
¿que haré yo
que harás vos?
la pasión urge
y aún creo
que un solo beso tuyo
saciaría este desierto

Oasis insólito
atrevido
fugaz
destello incierto
destino repentino
tus ojos miel
miel de los ojos mios
Dime corazón
¿qué es saciar la sed
de tu alma que me abraza?
calla
anhela
habla
silencia…

Estalla en pasión y fe,
¡yo te seguiré!

Marisol Cristina Baier Seewald.

¡HASTA PRONTO PAPÁ!

Vuela
vuela
vuela Papá….
Papáaa…
Papáaa…
Recuerda que volaremos todos hasta el lugar
que hoy tu alma habita
no temas…. no papá, no temas
yo podré, yo podré, y ¡cumpliré mi promesa!
Ahora descansa
Papito bueno siempre cerca de mí,
siempre fiel,
¡jamás me abandonaste!
Papito generoso,
eterno labrador de tierras y vidas…

Elévate, ¡con valiente y erguido porte, tal como siempre!
déjate llevar, libre hacia toda libertad posible o imaginable,
¡haremos del "adiós" una fugaz fantasía,
forjaremos amor verdadero inmortal y eterno!
Me guardo nuestros mates de cada mañana
tus sencillas y sabias palabras,
luchas incansables, coraje, valor, paciencia y tesón
que me enseñaste día a día, paso a paso…

Junto al color de tus ojos
igual que el de los ojos míos…

Y ése amor tuyo por la grandeza que habitó plenamente
cuan semilla de sencillez pura, sanguínea,
genuina e inmortal cada latido de vida…
Descansa Papito
descansa… no tengas frío…
"Dios te da el verdadero calor"
¡susurró tu amado nietito Gonzalo hoy!..

Hasta pronto Papito,
¡descanza en paz!
pronto, pronto, ya verás que
¡juntos seremos familia otra vez!

Marisol Cristina Baier Seewald.

VEN...

Existe entre vos y yo
el cielo y el celo
de quienes esperan
sin esperanza alguna ya.

Retumban sonidos milenarios
que nos unen irremediablemente
nos separan vanidades,
tiempos de ceguera, desasosiego...

Espero esperarte
reconozco no reconocerte
¡y en éste amor mío
te encuentro sin verte!
Pero, ¡estás allí, lo sé!
y estoy aquí, ¡me ves!

Urge mi deseo
silenciado, apagado, violentado...
ya no temeré decirlo:
¡necesito tu abrazo, el calor de tus labios en los míos!

Absurdos tiempos venceremos
yo seguiré tu beso
eterna danzarina del amor
¡quiero ser tu respuesta hoy!

No tardes ya más
acalla el miedo, entrégate a mi fragilidad,
Sansón ha muerto y,
la piedra de David
¡hoy es manantial azul y eterno!
Que suban al cielo plegaria de besos
¡que la vida sea milagro y espasmo de amor!

Marisol Cristina Baier Seewald.

Wilfredo Isaac Laínez García

Naci un 3 de junio de 1972 en Managua Nicaragua, estudie en la vieja escuela de bellas artes de Managua y es allí donde me nace el amor al arte y la escritura, mi primer poema se lo dedique a mi madre cuando tenía 12 años y tengo un libro de poesía que se llama "Mis primeros pasos", en la actualidad vivo en Los Ángeles Ca, USA.

Quisiera decirte II

Quisiera decirte que ya fuiste mía
Que bese tus labios y acaricie tu cuerpo
En un loco sueño la noche fue luna
Y la luna luz de mis locos deseos.

Quisiera decirte como te quiero
Que siento tú pecho cerca de mí ser
Más siento latidos de este amor que pienso,
Que soy esclavo y preso al aroma de tu piel.

Quisiera decirte que eres mi lucero
Que canto canciones al viento y que busco
Tu abrazo en las sombras de luz y que siento,
Que también me quieres como yo te quiero.

Wilfredo Lainez

Seguiré tus pasos

Seguiré tus pasos buscare el camino
siento que tú vives allá en los cielos
miro las estrellas y estoy convencido
que hay un dios y reina en los universos.

Seguiré tus pasos buscando esa estrella
sé que distes tú alma por darlos la vida
y pecamos todos dando al enemigo
tu cuerpo que en cruz fue sacrificado.

Seguiré tus pasos buscare en los cielos
tu rostro que llene mis ansias de paz
porque fuimos polvo en aquel comienzo
y polvo seremos en la eternidad.

Wilfredo Lainez

En sueños

En sueños yo sueño de tus labios rojos
mi amor es sufrir cuando te deseo
y sueño tu cuerpo acariciar mi cuerpo
llenando mis ansias y todos mis sueños.

En sueños yo sueño caminar de la mano
besar tu pecho con el soplo del viento
acariciar tus manos solamente en sueños
y en sueños decirte como te quiero.

En sueños yo sueño cautivarte toda
llenarte de magia y una pación prohibida
decir que tu cuerpo fue mío en sueños
y en sueños decirte que mi vida es tu vida.

Wilfredo Lainez

A ti patria (Nicaragua)

Me llena de patria el quererte tanto
Y con tanto orgullo rendirte el sombrero
el soñarte grande y verte pequeña
es soñarte en sueños mirándote bella.

Nacida entre surcos pétalos y flores
tus siembras sagradas son del maíz puro
que molido luego se convierte en masa
siendo el alimento de generaciones.

Me llena de patria y sueño mirarte
entre tus laguitos y pájaros blancos
al son de marimba venero tu nombre
bailando a Manguito Santo de los pobres.

Me llena de patria y es cuando más te quiero
con tu bello cenzontle y tu guardabarranco
de tus verdes selvas a tus azules cielos
te llevo en mis sueños y en sueños te quiero.

Wilfredo Lainez

Te mire en mis sueños

Te mire en mis sueños en un blanco cielo
con tu cara de ángel y tus labios fresas
soñaba besarte me perdí en tu lecho
de mieles de azúcar y tu piel morena.

Fueron estos sueños locos en deseos
llenaron mi alma de sed y ternura
la luna fue noche más que un paraíso
de estrellas y luces llenos de dulzura.

Quizás sean muchos los que te desean
pero en este sueño tú ya fuiste mía
te bese mil veces saciando mis ansias
te mire en mis sueños y mis fantasías.

Wilfredo lainez

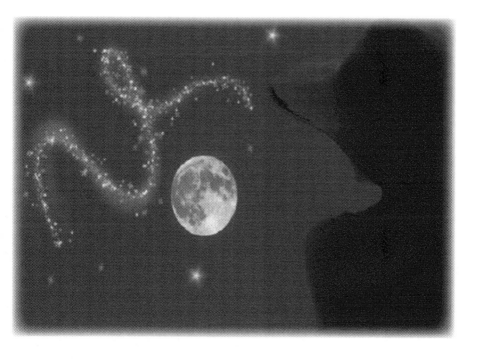

Antonio Dionisio Hernández Gutiérrez

Poeta de nacionalidad Colombiana, nacido en el municipio de Aracataca, departamento del Magdalena, república de Colombia, se distingue por sus temas poéticos literarios, especialmente en el ámbito costumbrista, sus poemas siempre van dirigidos a ponderar a la mujer y a escribirle al amor, sus raíces literarias tienen la influencia de los poetas Porfirio Barbaj Jacob, Jorge Isaac, José Eustacio Rivera, Víctor Hugo y el premio nobel Gabriel García Márquez, Este poeta es un convencido de que la poesía, es la costumbre de los pueblos, de la tierra, de la naturaleza, del vuelo del colibrí y de la inigualable belleza de la mujer, Tiene en su haber, mas de 500 poemas, una serie de cuentos literarios costumbristas y próximamente saldrá al mercado su novela titulada la Roca, donde conjuga la ficción con la realidad. Ha sido objeto de múltiples distinciones recibidas de; Unión Hispanoamericana de Escritores, Salamaga, Grupo poetas y Escritores del Mundo y varios de sus escritos han sido publicados en los mejores periódicos de Colombia y es corresponsal de la Revista Aquí el cesar.

NOMBRE COMPLETO: ANTONIO DIONISIO HERNANDEZ
                     GUTIERREZ

NACIONALIDAD: COLOMBIANA.

EDAD   57 AÑOS

CIUDAD DENACIMIENTO: ARACATACA
                         DEPARTAMENTO
                         MAGDALENA.

CIUDAD DE RESIDENCIA: SANTA MARTA
                         DEPARTAMENTO MAGDALENA

BELLA MARIPOSA

Dime linda mariposa, que vuelas de flor en flor
Dime tú el milagro. Quien te hizo tan hermosa
Tú tienes los mil colores, que le gustan al amor
Engalanan tu belleza.. Miles de arco iris sin par
Y eres sutil al volar, por los jardines y las flores
Y te mueves elegante, como si bailaras un vals

Ven mariposa divina y pósate aquí en mi mano
Ya muéstrame tu belleza, y esa figura tan fina
Y pareces una alteza y tú llegas muy temprano
Ya las flores te sonríen, con amor y su belleza
Y te aplauden cuando vienes, a visitar al jardín
Ellas te ven venir, ya saben que eres su alteza

Ahí te rinden pleitesía, y a ti nada te hace falta
Y tú libas todo el néctar, de las rosas en el día
Te ves lozana y fresca, ya que eres la monarca
Tú juegas con tu novio, ese que llaman el aire
Tú te sientes protegida y él te besa con pasión
Y se muere del amor, cuando le inicias el baile

Y el roció de la mañana, te acaricia con pasión
A él le gusta tu belleza y él te llama amor mío
Pero a ti te gusta el aire y también amas al sol
Dime cuál es tu misterio.. y ese tu nacimiento
Y tú vivías un tormento. Dentro de ese capullo
Que eras una oruga, una mariposa en silencio

Y aquí estoy en el jardín... y observo tu belleza
Me recuerdas a mi amor.. Cuando la veo venir
A regar este jardín. Ella es mi reina y mi alteza
Guarda ese mensaje, se lo entregas a mi amor
Y pósate en esa flor. y anda y bebe su brebaje
Y regálame una pócima.. Que cure mi corazón

Mañana vendré temprano.. Para así verte volar
Y no olvides la pócima, que me vas a preparar
Mira estoy enamorado, yo a ella la deseo amar
Vuela, vuela mariposa, muestra tus mil colores
Eres la amante del aire y eres la esposa del sol
Y coqueteas con los dos y tú besas a las flores

Antonio Hernández G.

TE PINTARE CON POESÍA

Voy a cantar bonito, y hacer mi mejor poesía
La llenare de elegancia, y de versos con amor
Del pétalo de la flor, voy a tomar la fragancia
Al renacer de este día, le tomare un pedacito
Y al roció de la mañana, esas perlas del saber
Y la poesía la dedico, a lo más tierno y bonito

Voy a pintar sus ojos.. Que tienen dulce mirar
Inmensos y elegantes, así como el ancho mar
Y el fulgor de tu mirar, nadie lo pueda opacar
Allí me voy a inspirar, con esos labios divinos
Estarán humedecidos.. Como fruta pa probar
Y creados para amar. Los dioses del paladino

Muy bonito y elegante. Ese tu cuello de cisne
Que provoque acariciarlo, suave y sutilmente
Y tú lo pidas a grito.. Pero te mantienes firme
La tersura de tus hombros, será algo especial
Bonitos para admirar, tan bellos y redonditos
Te mostraran la belleza, de ese pecho colosal

Y en ellos descansaran, esos frutos exquisitos
Dos melones preciosos.. Con su jugo celestial
Que me inviten a beber.. Me dejen alimentar
Será un poema delicado.. Especial pa ti mujer
Lo gravare en tus manos y en ese tu corazón
Con la tinta indeleble. Que solo tiene el amor

Y tu cintura elegante, y ese ombligo universal
Donde amarraron el nudo, de tu vida al nacer
Le voy a dar un besito, tú así me podrás amar
Y tu cadera perfecta. Tiene glúteos exquisitos
Al frente se podrá ver, esa montaña de Venus
Estará muy escondida y será algo muy bonito

Acariciare tus piernas. Torneadas y elegantes
Y al fin ya te podre ver, tú caminaras conmigo
Iremos hacia adelante, para el nuevo renacer
Y esta pintura de amor..Será mi mejor poesía
Tú serás amada mía ¡yo seré tu único querer!
Y el mundo podrá saber, tú vas a ser mi mujer

Antonio Hernández Gutiérrez

COMO FLOR PRIMAVERAL

Como el aire que respiro. Tu presencia vive en mí
Y eres el vital oxigeno. Que necesito con urgencia
Para mantener la vida y estar siempre, cerca de ti
Y te parecerá mentira. Que yo te diga estas cosas
Tú vives dentro de mí, igual a sangre en las venas
Y eres una mujer divina, elegante y muy hermosa

Tienes ese porte celestial y todos te quieren tener
Tú eres flor inalcanzable.. De un paraíso universal
Eres tierna y amable, y te pido que seas mi mujer
Tu mirada me cautiva... y son tus ojos dos luceros
Que despiden gran fulgor y te hacen bella y altiva
Y en la carrera de tu amor, yo pido ser el primero

Podrán haber más bonitas. Quizás reina universal
Que sean reinas de belleza. Ó artistas pa modelar
Pero tú a todas les ganas, tienes algo tan especial
Es esa belleza singular. Que ostentas como mujer
Que enloquece y cautiva.. Igual tu tierno corazón
Con sus bellos sentimientos y que invitan al amor

Te comparo con mil flores, y la rosa más hermosa
De un jardín primaveral.. Cultivado por mil dioses
Tú brillas con luz propia, y resplandeces de noche
Por eso es que a tu jardín. Siempre llega el colibrí
El va en busca de ese néctar, y del tierno corazón
Y voy alimentarme allí. Con las mieles de tu amor

Hoy doy gracias a la vida y aquí gracias a mi Dios
Por haberme permitido.. El nacer en este planeta
Y así ver que amaneció. Con tan hermosa belleza
Y que cuando sale el sol. Surge un milagro divino
Aquí veo cantar: al colibrí, al canario, y chupaflor
Igual que canta de noche, Un mirlo para tu amor

Y se palpa en la naturaleza, una hermosa sinfonía
Se va creando la fantasía, y aletean las mariposas
Ya se escucha en tu jardín. Una elegante melodía
Producto de tu belleza.. Tu ternura y tu elegancia
Que allí dejas al caminar. Cuando visitas tu jardín
Tú compites con las flores y le ganas en fragancia

Antonio Hernández Gutiérrez

BORRACHO

A tientas por el muro, en la negra noche
Se apoya en las paredes, todo es oscuro
El cielo, lo ve con temor, y con reproche
No tiene noción: Del tiempo y el espacio
Camina por instinto que le dicta la razón
Siempre borracho.. Perdiendo su control

De lento caminar. Ya la noche lo conoce
Y con reproche, la luciérnaga del parque
Le alumbra su camino.. Por todas partes
Ella tiene su morada, en un rosal vecino
Contiguo a esa casa de su mujer amada
El pronto llegara, a seguir tomando vino

Y lo cuida, un búho que está en la plaza
Que no duerme, esperando que regrese
Le dice a la luciérnaga. Llévalo a su casa
También la lluvia, lo protege por instinto
Si observa el peligro suelta el chaparrón
Hace huir al ladrón y el no lleva ni cinco

Y cantando y caminando, a trompicones
Se va acercando a la casa de inquilinato
Allí lo esperan.. Reproches y mil razones
Y cabizbajo, él oye el rosario de letanías
Como has caído tan bajo. Irresponsable
Mírame: yo no he comido en todo el día

Vete borracho.. Mira que estoy preñada
Y hace rato: siento los dolores del parto
Dios salva mi niño, salva su vida amada
Justina, ven Justina, llévame al hospital
No lo molestes. Que me puede lastimar
Y quizás al niño, su vida pueda peligrar

El día esta triste, y de color gris plomizo
La luciérnaga: apago el swiche de su luz
Más al búho en la plaza, le llego el aviso
Una paloma mensajera vino del hospital
Y dice: la madre murió.. El niño se salvo
Más el borracho, allá duerme a todo dar

Antonio Hernández Gutiérrez

SIMBIOSIS

Vengo a decirte: lo mucho que te quiero
Y confirmarte, que serás.. Para toda la vida
Yo te ofrezco: mi alma, y mi corazón sincero
Hoy quiero amarte, por los siglos de mi vida
Y en cada segundo, los minutos y las horas
Siempre decirte: que tú serás la preferida

Y a ti decirte: que serás para toda mi vida
Que mientras pueda latir, y latir mi corazón
Jamás habrá un motivo.. Ni te causare dolor
Tú tendrás flores. De un amor de primavera
Nacerá una flor.. En el jardín de tu corazón
Y será mi prueba, que tú serás la primera

Y veras brillar el sol, las estrellas y la luna
Y mil mariposas bellas.. Juntas a ti llegaran
Te dirán: que tu amor. Es mi mayor fortuna
Y aquí en el otoño. Cuando las hojas caigan
También tendrá tu vida. Una nueva ilusión
Y mantendremos viva. La llama del amor

Yo quiero amarte, toda la vida te amare
Y si pasan los años. Mil lustros y mil siglos
Y viajo hacia otro mundo, yo allí te buscare
Yo me siento alegre, y a gusto con tu amor
Y quiero que comprendas.. Que el amarte
Viene de Dios. Como una sola bendición

Si yo vine al mundo. Es para darte amor
Y si soy terrícola.. O soy un extraterrestre
Que importa: si yo tengo el mismo corazón
Mira que esta simbiosis. Solo viene de Dios
Él me puso corazón…Y vive lleno del amor
Eres mi media naranja y mí otro corazón

Te juro que hoy.. Veo brillando más el sol
Ahora miro tan bello.. De la luna ese fulgor
Y ese oleaje del mar, que me llega con amor
Por todo esto, amor: Te amare, toda mi vida
Yo pondré a tus pies, ese mi tierno corazón
Ven y revísalo mira que en él vive el amor

Antonio Hernández Gutiérrez

Teresa Mabel Meneghini

Nacida en Argentina Capital Federal. Escribo desde que Dios me dio la sabiduría de las palabras y las letras, es mi mayor orgullo poder expresar los sentimientos que se hallan, en la humanidad, el amor es la inspiración más profunda del escritor y eso solo se puede aprender en la facultad de la vida...

Conjugando Sueños

Vivimos en ilusiones, conjugamos verbos de sueños, imaginamos la magia que nace de los versos, descubrimos horizontes que nadie ha descubierto, acariciamos constelaciones, nos besamos con la luna, y desvestimos a las estrellas dejándolas desnudas de su luz y misterio,

Conjugamos sueños de amores prohibidos, nos acongojamos con la mirada de un niño que fue desamparado, nos remontamos a la historia de Romeo y Julieta e imaginamos vivir sus momentos más apasionados, revelamos misterios, dibujamos obras de arte con la brisa que acaricia el firmamento,

Somos la misma vida reflejada en las letras, escribimos el secreto del alma, nos sumergimos en el mar con Alfonsina, nos contagiamos de Pablo Neruda, Bécquer, Machado y tantos otros genios, que siguen vivos en los versos, poemas, rimas y sonetos, que aun siguen latiendo en cada escritor de ayer, hoy y siempre… Porque solo conjugamos sueños a la vida.

Mabel Meneghini

Eclipsé de Claro de Luna

Como puedo sentir la cálida brisa de la noche, como puede mi
mirada llenarse de la gloria del firmamento, cuando tu partida fue
el eclipsé que oculto el claro de la luna, y solo la oscuridad inundo
mi ser, que moría en el suspiro del último beso...

¿Cómo e de sentir esta noche?... que oscureció el latir de los
versos, de la poesía, que se derramaba sobre los claros de la
luna en esos prados donde tu y yo, nos cubríamos de la magia del
amor por expresar los sentidos de vivir este loco amor de poetas,

Que se lanzan a jugar con las letras, bajo un mar de fantasías,
donde la naturaleza se une en un preludio de amor y romance, la
pasión toma forma de rimas y la música de la noche nos envuelve
en el sueño profundo del sexo sin límites, ni miedos...

Pero todo ese delirio, queda en hojas sueltas al viento de tu
ausencia, y aquella luna maravillosa se oculta en el
eclipse perdiéndose en la oscuridad que sepulta el Poema jamás
escrito entre la noche y el hechizo del Claro de luna...

Mabel Meneghini

El Sueño de la Alborada

Un sueño que se escribe en un mundo de amores que se
entrelazan en la alborada de amores furtivos, apasionados,
de secretos guardados en el corazón de un diario… quizás
esperanzas de encontrarse con aquel amor de sus sueños, o
el amante que jamás pudo llegar a escribir la carta de su amor
secreto, esa alborada que te refugia entre las hojas de un
poemario que cuenta el amanecer de las calandria en el jardín del
olvido… quien sabe los secretos de los poetas que se entrelazan
en sus mentes divagantes de contextos y esperanzas, que algún
día una dulce doncella acaricie sus hojas redactadas al viento en
la soledad de la alborada de los poetas muertos… se esconde un
mundo de amores que se escriben en versos.

Mabel Meneghini

En el Claro de la Luna:

En el claro de la luna, te vi bella niña… danzabas entre velos de plata y sueños, y en tu danza acariciabas el reflejo de la noche iluminada por la luna… tu danza el fuego del amor en mi interior encendías,

Dulce avecilla, resplandor refulgente de pasión y locura, figura ancestral que me lleva a desearte entre mis brazos ansiosos, de sentir tus apasionadas caricias… en el claro de la luna descubrí, que la misma luna era esa figura de mujer, que deslumbro mi visión,

Su reflejo ondulante… confundió mi visión, que se perdía en el lago de mi pasión, aquella visión de mujer bailando cual odalisca la danza de los siete velos… y quedando sumergido en su mágico brillo, me desplome sobre sus reflejos de luz de plata y finos destellos dorados, en su embrujo caí

Enamorado del claro de la luna, e quedado preso de su hermosura, que resplandece en mis noches de bohemio soñador… para unirnos en su eterno amor.

Mabel Meneghini

Reacuérdame en la Música:

Recuérdame amor entre las notas de un cielo dibujado de estrellas titilantes, recuérdame en el brillo de la luna bañando nuestros cuerpos, mientras el beso profundo nos consumía en un sello eterno, recuérdame en la balada de las hadas que danzaban en el bosque de las esperanzas...

Recuérdame en el silencio de esta noche que nos descubrió sobre un lecho de hierbas aromáticas, recuérdame en la caricia de la brisa que despeinaba los últimos momentos de nuestras sonrisas... recuérdame amor entre tus brazos esperando el alba de la muerte en su corcel de olvido...

Que yo te e de recordar entre nubes de ensueños, entre latidos de nostálgicas melodías, que trajeron las notas olvidadas de un ruiseñor, sobre el arco iris... de nuestro eterno amor... Recuérdame en la música celta de una sinfonía de los elfos, hadas y duendes.

Mabel Meneghini

Isabel Paz Izquierdo

Nací 17 de marzo de 1970 en Rentería, País Vasco, España, en la actualidad vivo en Hernani, casada, con dos hermosos e inteligentes hijos, Gaizka y David.

Desde niña le gustaba escribir y sentía una inclinación por plasmar todo lo que mi corazón me dictaba, simplemente soy una narradora que escucha la voz del corazón.

Dejo plasmado que no soy poetisa ni escritora, sólo soy una mujer que dibuja palabras que emergen de mi interior, que al unirles forman una bella ilusión de amor y del recuerdo.

Mi aflicción literaria surgió como una válvula de escape, sin pensarlo, ni buscarlo, pero si necesitándolo a medida que me insertaba cada vez en este mundo.

Mi pluma va reflejando en el blanco papel, todo lo que deseo y vive en mi ser. Soy libre al expresar mis sentimientos y más aún me llena de felicidad.

LONXE DA TERRIÑA

Se ajustaba el delantal mientras la sartén musicalizaba con su sonido de vida, de filloas que me acompañaban desde que nací. Su pelo cortito, cómodo para las largas noches de invierno y para las tardes de verano, cuando el día empezaba a morir y el trabajo parecía algo lejano.

Me decía, miña neniña ves como pongo la masa? Es muy fácil, solo tienes que esparcirla por toda la sarten y ella misma encuentra su lugar. Ay mi madriña, qué rico, sabor así jamás encontraré, con azúcar, sin él, con tocino, sin él, de cualquier manera….

Deja abuela, yo me encargo de la sartén, tú dime qué tengo que hacer…

La noche se hace más noche, fai frio, que diría mi abuela, y es verdad, es invierno cerrado, diciembre, y yo tengo el gran privilegio de estar en mi querida terriña con mi abuela enseñándome a hacer filloas, hay algo mejor?

Pocas cosas hay mejores, pero las hay. Están las largas tardes hablando con ella, su sabiduría, los recuerdos, mi pasado… como dicen, qué seríamos ahora sin un pasado… no lo sé, sólo sé que yo no sería lo que soy sin ella.

Mira, las vamos a hacer normales te parece? Si abuela, a mí me parece todo lo que tú digas, además qué mejor que unas filloas "sin nada", sin nada que las contamine, con el sabor de mi abuela, de su madre, de la madre de su madre, con esa sabiduría que sólo dan los años,…

Sabes que la madre de mi abuelo dejó todo por casarse con él y venir aquí? No, no lo sabía abuela, y eso? Eran otros tiempos, cómo pudo pasar?

Ya ves, el amor siempre es amor, era ella mocita de buena familia, pero se enamoró y sabes lo que dicen, el amor mueve montañas. Ay abuela, me encantan tus relatos, miña neniña no son relatos, es tu vida, es nuestra vida.

Abuela cuéntame más cosas, quiero saber, quiero conocer. Tú ya sabes todo lo que tienes que saber, lo llevas en tu sangre, no lo sientes? Si abuela, yo te entiendo cuando hablas aunque no he nacido aquí, y siento el olor de la tierra, amo el sonido de la gente al hablar, y tengo morriña…..

Niña, eso te pasa porque amas esta tierra, porque aunque no hayas nacido aquí eres de aquí, porque perteneces a este lugar y aunque no lo creas, estas LONXE DA TERRIÑA.

Isabel Paz Izquierdo

Rafaela Mila Uborra
(con seudónimo Felita)

Nacio en Santigo de Cuba, Cuba, el 16 de Octubre de 1965, emigró a Estados Unidos de America en Marzo del 2000, donde radica en Austin, Texas.

Mujer hija de Dios, cristiana, amante de la prosa *poética*, tanto como de la poesia, donde suele desnudar completamente su alma.

Sus actividades creativas se mueven en distintos planos, en letras, poesias, relatos, narrativas etc, desde niña le gustaba participar en actos *cívicos* en la escuela y otros lugares de recreación, como clubes literarios estudiantiles, siempre ha tenido un profundo gusto por rimar palabras en pequeñas poesias.

Autora de los libros El gemir de la noche (poesia) y El poder de mi amado y grandes proyectos en gestación. Su imaginación se desplaza desde la Aurora a la Alborada en un mágico sentir viajando en una nube de amor e ilusion, ha donado sus poesias en varios proyectos, ha participado en una *Antología Poética* MEMORIAS, *también* en un proyecto de niños de la calle "Corazón de esperanzas" para la construcción de un hogar como bendición, donando sus poesias por amor a los necesitados.

Alma que dibuja su sentir en letras, conjuga palabras que brotan muy enriquecidas por el don de Dios, una simple vasija de barro en manos de su Creador.

Gitanilla

Allá por tierras lejanas,
Vive la bella Ana,
Una linda Gitanilla,
Muy chula y finilla.
Tiene su carita morena,
La condenada nena,
Ella baila y sueña,
Con un guapo Gitano,
Que conocio en el verano,
En los altos de Almería,
Donde todo es Alegría.

En la Feria del cantor
Allí vivierón los dos,
Un precioso romance,
Entre los verdes parajes.
Los vierón solos en el rio
Por el viejo camino,
Que está cerca del Molino,
Estaban muy acaramelados
Conversando de su amor,
Cuando los asalto la pasión
Y el fuego de su candor.

Y la muy condenada
Y loca enamorada
Le decia a su amor,
Con toda Vehemencia,
Besáme no te detengas
Que si hoy no lo haces,
Te quedas sin la experiencia.

Ay…Malvada Gitanilla,
Tan chula y fierecilla,
Volvió loco a su Gitano,
El que era tan mundano,
Arrastrándolo al campo florido
Y llenándolo de sus amorios,
Ay… preciosa Gitanilla,
Cómo amas! Condenada niña!

Felita Mila Iborra.

Brazas al amanecer

Es un amanecer para locura
tocada por la premura del beso,
Exhortando a renacer el fuego
viajando por la sangre con bravura.

Soy fiera que despierta sin decoro
alma desenfrenada por la pasión,
Oleada intensa del corazón
que va seduciendo poro a poro.

Labios que se recrean en caricias
alucinante amor por las brazas,
muestran complacidos sus delicias.

Y una lluvia sublime de ternuras
como manto rojo que reclama,
el encaje que besa mi figura.

Felita Mila Iborra

Gitana guapa!

Gitana guapa!
Y morena…
Qué vibras con simpatia
Con ese movimiento
Cada véz que caminas.
Tú Gitana!!!
Con ojos color laurel
Muy a tono con tu piel,
Eres la chispa y energía
Qué contagias con tu alegria.
Tú como polvora viva
Qué estalla y cautiva.
lindo angel de piel tostada
Qué vives muy enamorada
De todas tus tradiciones,
Defendiendo cada ricón
De tu bello corazón.

Tú Gitana guapa!!!
Creces como rosa salvaje
Por esos grandes parajes,
Eres la flor del verde prado
Que das el toque de fragancia
Cuándo bailas con tu danza.
Tú Gitana encantadora
Con piel aterciopelada,
Mujercilla salerosa
Eres una piedra preciosa.
Una joya glamurosa,
Tallada con primor,
Tú le das vida y amor,
Al todos con tu esplendor..

Corre Gitana por esos campos
Y desboca tu pasión,
Hazle perder la razón
A tu amante y enamorado
Regalale tu alegría
Tu belleza y poesía,
Y que reine la algarabía
Princesa corre salvaje
Corre gitana mía.

Felita Mila Iborra.

Recuerdas Amor:

Recuerdas amor, el paseo que tanto deseamos por el campo verde, el suave canto de los pájaros y el de la cigarra, allí sobre aquella roca que fue testigo de nuestro frenesí. Tú y yo solos! Amándonos con pasión desbordada que enloquecía nuestros sentidos, recuerdo muy bien tus manos.......Oh! tus manos… varoniles, suaves y mágicas, explorando cada centímetro de mi cuerpo, disfrutando cada pedacito de él, palpando cada rasgo de mi piel.

Y mi piel tan suave como la seda, con aromas a Sandalo del Oriente, tus manos Fuertes y delicates como petalos de rosas, al fin se detuvieron.

Y allí fue … donde se detuvieron, allí solo allí, donde termina mi muslo y comienza mi deseo. Deseo húmedo que palpita, que cuando lo besas disfrutas, así como tú sólo sabes hacerlo. Allí donde cada mañana te deleitas, con ese ardiente fuego que emerge de él.

- Recuerdas?…

cómo nos miramos amor? sonreímos y nuestros cuerpos se estremecieron, el pensar que estábamos solos, nos invadió la lujuria, y un fuerte deseo nos hizo vibrar cada palmo de nuestro ser. Y allí mismo se hizo un silencio celestial y nos montamos como fieras salvajes, llenas de placer, una, y otra vez, sin más cómplice que nuestra agitada respiración e inmensos gemidos que salían de lo más profundo de nuestras almas, tatuándonos uno al otro e imprégnados con el mas sublime ardor y un cielo que disfrutaba la entrega entre la piel y el alma de nuestro ser.

Al final lloramos de felicidad, con lágrimas nobles y puras como las que pueden brotar de un corazón enamorado, dejando un suave aroma en todo el lugar y asi cansados, agotados pero muy felices nos retiramos pues ya se había cumplido nuestro más grande sueño de amor.

Felita Mila Iborra

Lengua

Mis suaves labios se entre abren
deleitandose con tu lengua adorada,
que entra y se alarga bien excitada
extendiendo sus alas de hambre.

Lengua que en mi boca seduce
como gran serpiente enjaulada,
lengua que me deja mojada
Y con fuerza me retuerce.

Lengua que mi boca sofoca
como remolino que agoniza,
Lengua que penetra y vigoriza
como espada mi sensual boca.

Tu lengua de los mil demonios
que provoca espasmos,
con lujurias y orgasmos
Por todos mis dominios.

Lengua que incita al placer
Lengua poderosa
que embriaga mi ser,
lengua como bella rosa
satisfaccion de mi piel.

Lengua que me induce
¡Arrebátame!
¡Invádeme!
¡Provócame!
quiero morir de placer.

Lengua como hoguera
¡Excítame!
¡Incítame!
¡Avívame!
Ay lengua eres especial.

Lengua que mi vientre arda!!!
¡Indúceme!
¡Enardéceme!
¡Agótame!
Ay! lengua inmensa como el mar.

Felita Mila Iborra.

Oh! Mar

Oh! Mar hermoso y sublime mar
Por que es tan triste mi canto?
Por que esta lleno de quebrantos?
Dime si lo sabes mar?
Dime cual es mi *soñar*?
Oh! *piélago* divino!

Oh! mar inmenso mar
Con incalculables aguas de sal
Tu reconoces el sabor de mis lagrimas
Tu sabes cual es mi lloro!
Es infinito y angustioso
Lo sabes mar? Claro que lo sabes!
Es la inquietud y la pena.

Te amo mar! Dulzor marino.
Amo tu diafanidad y lucidez,
El ronroneo y cabrilleo
De tus olas llenas garbos,
Amo como nacen y manan
Como corren y se desbordan
Mar, mar, bendito seas mar!

Oh! mar Diluvio de la nitidez
Tersura y transparencia
Que te retiras con desazón
Voluptuosa resaca de ilusión
Hasta los confines del abismo
Oh! mar cual es tu destino?
Si no es, el de devolverlo a mi camino!

Felita Mila Iborra.

La noche y el frio

El frio y la noche me abrazan
los dos desambulan en mi alcoba,
ellos centinelas de mi tristeza
no se fatigan de oir mis ofensas.

Esta noche con su frio no acaba
no se rinden al verme sufrir,
solo alzan sus ojos y callan
disfrutando todo mi gemir.

Noche de frio sabes que lo quiero
que mi alma lo sigue evocando,
hace tanto que busco consuelo,
que no puedo esconder mi llanto.

Noche llevate este frio lejos
noche con frio y oscuridad
arrástralo a los cuatros vientos
no dejes cerca la ansiedad.

Que desaparezca hoy de mi vida
esa fria noche de soledad,
porque no quiero estar de rodillas
deseo disfrutar de mi libertad.

Felita Mila Iborra